MON CHIEN N'EN FAIT QU'À SA TÊTE !

LE LABEL YLIGA

C'est une initiative portée par plusieurs maisons d'édition, qui souhaitent faire de ce label une marque de fabrique et de traçabilité d'ouvrages édités de façon la plus respectueuse possible de l'environnement.

On ne peut pas vous promettre le « zéro déchet » ou le « zéro pollution » mais on vous propose des ouvrages plus éco-responsables. Une nouvelle manière de lire le monde grâce à nous tous, éditeurs, auteurs, imprimeurs, distributeurs, libraires, lecteurs.

Parce que le livre doit servir la planète sans l'abîmer !

- Des livres qui traitent d'environnement, de bien-être, de « bien-manger », de conscience écologique, sociale et politique, des livres pour les adultes et pour les enfants, des livres qui donnent du sens en plaçant notre planète au cœur de notre quotidien, de notre réflexion.
- **Moins de papier :** des formats d'ouvrage choisis pour leur très faible gâche de matière.
- **Un papier certifié** aux normes environnementales FSC et PEFC (des écolabels garantissant une gestion durable des forêts).
- **Moins de produits chimiques :** utilisation d'encres végétales, absence de vernis et de pelliculage issu de la pétrochimie.
- **Pas de couverture cartonnée ni de film plastique** protégeant les ouvrages.
- **Impression simultanée** des couvertures d'ouvrages de même format.
- **Impression à moins de 1000 km** de nos entrepôts. Pas d'impression en Asie, pas de transport aérien.
- **Des process repensés :** suppression des tirages papier pour contrôler les étapes de fabrication avec le photograveur et l'imprimeur, facturation 100 % numérique, diminution des services de presse papier, une communication essentiellement numérique.

* Yliga, pourquoi ce nom ? C'est le nom, en langue moré, d'un arbre aux vertus médicinales qui vit entre le Sahara et l'Afrique tropicale et qui, comme d'autres essences, a su s'épanouir dans des conditions environnementales difficiles. Il est, pour nous, un symbole de l'adaptation nécessaire et possible, de même qu'un exemple d'exploitation vertueuse des ressources naturelles.

CAMILLE GENISSEL

MON CHIEN N'EN FAIT QU'À SA TÊTE !

LES SOLUTIONS BIENVEILLANTES D'UNE COACH COMPORTEMENTALISTE

DELACHAUX
ET NIESTLÉ

VOUS RESSENTEZ DES ÉMOTIONS,
EUX AUSSI !

VOS COMPORTEMENTS ONT UN SENS,
LES LEURS AUSSI !

VOUS NE FAITES RIEN PAR HASARD,
EUX NON PLUS !

SOMMAIRE

INTRO-DUCTION

INTRODUCTION

Le présent livre, qui s'appuie sur ma carrière de coach comportementaliste animalier, est un recueil d'études de cas et de comportements indésirables observés chez différents chiens. Il a pour but de vous aider à mieux communiquer avec votre animal en reconsidérant votre relation, ainsi que la perception que vous avez de votre compagnon, et de vous donner les clés pour l'éduquer facilement et en douceur.

Nous vivons aujourd'hui dans une société industrialisée et mécaniste qui tend à détruire notre lien avec l'environnement. C'est sans doute l'une des raisons pour laquelle la communication avec nos animaux est parfois difficile. Travailler à mieux les comprendre permet justement de renouer avec la nature. C'est ce que mon expérience de coach comportementaliste m'a appris et ce que j'ai à cœur de vous transmettre.

« Avoir » un animal n'est pas si évident… ça s'apprend ! C'est la raison pour laquelle de plus en plus de personnes se tournent aujourd'hui vers des coachs comportementalistes animaliers, afin de résoudre des problèmes d'éducation ou de comportements indésirables. **Je me réjouis de constater que les êtres humains sont soucieux d'apporter à leurs animaux amour et bienveillance** : c'est la preuve d'une évolution positive.

Mon objectif ici est simple : aider le plus de personnes et d'animaux possible. J'y consacre ma vie depuis 20 ans.

CHECK-UP !

Les comportements indésirables d'un chien peuvent survenir à la suite d'un problème de santé. C'est pourquoi, avant de rencontrer un nouveau client, je suggère toujours de consulter un vétérinaire pour confirmer que l'animal se porte bien. Si c'est le cas, alors je peux intervenir en qualité d'éducateur-comportementaliste.

ÉDUCATEUR CANIN / COACH COMPORTEMENTALISTE CANIN : QUELLES DIFFÉRENCES ?

**Au cours de l'éducation de votre chien, vous allez sans doute vous poser la question suivante : « À quel type de professionnel dois-je faire appel ? »
S'il existe différentes spécialités dans le domaine animalier, elles ne sont pas toujours bien définies. Chacune a ses avantages, l'important est de se tourner vers la bonne discipline au bon moment. La bonne nouvelle : quels que soient vos besoins, il existe forcément un expert pour vous accompagner vers une vie en harmonie avec votre chien.**

L'ÉDUCATEUR CANIN

L'éducation canine a pour but principal de permettre aux chiens d'évoluer le plus librement possible, en toute sécurité et dans des lieux différents. Elle concerne notamment les instructions simples qu'un être humain peut donner à son chien pour faciliter leur relation au quotidien et pendant les promenades : « marche au pied », « assis », « pas bouger », « reviens », etc. Un chien peut apprendre très rapidement lorsqu'il est chiot, mais il est également capable d'acquérir de nouveaux comportements tout au long de sa vie, comme l'être humain.

L'éducation canine inclut également l'initiation de la famille d'adoption du chien à quelques principes fondamentaux de communication et de décryptage des comportements canins. Basée sur les besoins naturels de l'animal, elle vise à intégrer le chien à notre société en utilisant ses dispositions naturelles et en renforçant le lien humain-chien, progressivement et en douceur. Cependant, **elle ne supprime pas les troubles et problèmes de comportement** tels que l'agressivité, la désocialisation, la réactivité, la désobéissance, la destruction, les fugues, les aboiements intempestifs, les soucis de propreté, etc. Or, **un chien présentant des comportements indésirables ne peut être correctement éduqué**, car il rejettera les demandes de l'être humain et le problème n'en deviendra que plus grave. En effet, **si l'éducation canine renforce la relation humain-chien, elle peut aussi renforcer les problèmes par la même occasion** (c'est là qu'intervient le coach comportementaliste animalier). Apprendre à un chien à s'asseoir pour résoudre un problème de comportement revient à enseigner les mathématiques à un enfant pour qu'il soit mieux dans sa tête. Un comportement indésirable n'est que la partie émergée de l'iceberg, la partie visible de ce qui ne va pas. L'animal, qui ne possède pas le langage verbal, exprime un mal-être par des comportements anormaux ou indésirables pour nous. Il faut également garder à l'esprit qu'un même comportement peut avoir une signification différente en fonction des individus, et doit être analysé chaque fois de façon spécifique par un spécialiste.

L'éducation canine pouvant avoir un impact considérable, il est important qu'elle se déroule dans de bonnes conditions. Les chiens doivent pouvoir apprendre en séance individuelle ou en petit groupe de 6-8 individus maximum. Au-delà de ce nombre, ils ne sont pas concentrés, trop occupés à communiquer avec les copains. De plus, la même méthode d'apprentissage ne peut convenir à tout le monde. Les séances doivent par ailleurs être variées et se passer dans des lieux divers, en incluant des promenades : il est plus difficile de demander à un chien de revenir en présence de stimuli divers, en forêt par exemple.

UN INTÉRÊT POUR LE CHIEN ?

Un chien peut très bien vivre sans ces séances d'éducation : il n'en a aucunement besoin. Nous pensons souvent à ce qui est bon pour nous, mais pour le chien, quel est l'impact de l'éducation canine ? Très peu de professionnels et de particuliers ont conscience du poids psychologique du « dressage » sur le chien. **Certaines méthodes d'éducation sont obsolètes, ne respectent pas le chien et ses codes sociaux, utilisent des colliers étrangleurs ou électriques, des punitions à outrance, parce que les personnes sont incapables de communiquer avec le chien et d'accéder à leur univers mental.** La violence et la brutalité ne sont que le résultat d'une incompétence masquée derrière d'anciennes théories, qui résument tout le comportement du chien en trois mots : hiérarchie, dominant et dominé. Heureusement, ces méthodes, qui ne correspondent pas aux familles, disparaissent progressivement.

Il faut également garder à l'esprit que pour un chien, il est extrêmement difficile d'apprendre à réagir sur commande vocale. Bien que chaque individu soit différent et plus ou moins disposé à apprendre, il doit, à défaut de le parler, comprendre ce type de langage, ce qui lui demande une capacité d'adaptation et une intelligence remarquables. Le chien peut donc subir un stress durant les séances d'éducation canine. Cette pression sera ressentie de façon plus ou moins importante en fonction de la façon dont on lui apprend les consignes, mais également de sa personnalité. **Les bâillements ou l'agressivité lors des séances peuvent être des signes de stress.** Le chien peut même souffrir d'accès de fièvre. Une séance qui dépasse le seuil de tolérance de l'animal peut avoir de graves conséquences :

- traumatisme psychologique ;
- mauvais apprentissage ;
- apparition de troubles du comportement à la maison ou en dehors de la séance ;
- absence de motivation / d'envie (un chien doit être content de venir apprendre et jouer, il doit sortir de la voiture heureux) ;
- apparition ou augmentation de l'agressivité.

LES CHIENS, TOUS LES MÊMES FACE À L'ÉDUCATION ?

Certaines races ou individus sont plus motivés pour apprendre, plus réceptifs. Par ailleurs, la mémoire et la capacité d'adaptation peuvent varier chez le chien. Par exemple, les Bergers belges malinois, très faciles à éduquer (si leurs besoins de dépense et de travail sont comblés), s'intègrent facilement dans le monde humain. En revanche certains individus, qui souvent appartiennent à des races plus indépendantes et moins réceptives (qui ont du mal à accepter qu'on leur donne des ordres et surtout qui ont bien mieux à faire que d'y obéir, tels les chiens de chasse ou les chiens dits « primitifs » comme le Husky), apprennent tout autant, mais il faut travailler davantage avec eux qu'avec des individus réceptifs par nature : tout l'enjeu est alors de leur donner envie d'apprendre. Et c'est un challenge extrêmement intéressant !

LE COACH COMPORTEMENTALISTE ANIMALIER

Grâce à ses connaissances en psychologie animale et humaine, le coach comportementaliste animalier a les capacités de déterminer l'origine d'un problème pour mieux le résoudre. Car attacher un chien pour l'empêcher de sauter sur les gens ne solutionnera pas le problème de fond. Si l'animal est sujet à ce genre d'attitudes, c'est qu'il a une bonne raison : un comportement a toujours une utilité et un sens.

Loin de moi l'idée de dénigrer les éducateurs canins : je suis moi-même coach comportementaliste ET éducatrice canine ; ces domaines sont si complémentaires qu'il est difficile d'être l'un sans l'autre. Simplement :

- ces disciplines n'interviennent pas au même moment ;
- résoudre des problèmes de comportement par l'éducation canine est impossible. J'ai malheureusement vu beaucoup de chiens se faire euthanasier après des échecs en séance d'éducation, alors que le trouble du comportement en cause n'avait même pas été abordé...

Pour vivre en harmonie avec votre animal, vous devez donc apprendre à le connaître réellement, à respecter ses besoins et à lui faire confiance. Il répondra alors avec bonheur à ce que vous lui demanderez, en se sentant parfaitement bien dans ses coussinets.

Il est grand temps de faire évoluer notre relation à l'animal, et j'espère pouvoir contribuer à cette avancée grâce à ce livre, que j'ai conçu en trois parties.

La première énonce les principes de base d'une vie harmonieuse avec votre chien. **La deuxième présente les comportements indésirables les plus fréquemment rencontrés.** Ils sont illustrés par des études de cas avec analyse et solutions. À travers ces belles histoires que j'avais très envie de partager avec vous, je voulais aussi rappeler qu'il n'existe pas de méthode « type » pour vivre avec son animal.

ANECDOTE

J'observais un cours d'éducation canine rassemblant un chiot et deux adultes. Un adulte, un Labrador, montrait les crocs et était très agressif avec le chiot. Si son humain le lâchait, il sautait sur le chiot. L'autre adulte, un Husky, se jeta tout à coup sur le Labrador pour lui infliger de graves blessures – les humains présents parvinrent à les séparer. En effet, dans la société canine comme dans la nôtre, il est interdit de toucher à un enfant. Le Husky qui a attaqué le Labrador avait raison.
Pourquoi le Labrador voulait-il attaquer le chiot ? Ce chien n'avait en réalité jamais interagi avec ses semblables depuis sa naissance. Il était devenu agressif et ne connaissait pas les codes canins. Il était désocialisé.
Or, l'éducateur n'a pas du tout compris ce qui s'était passé et a rejeté la faute sur le Husky. Bien entendu, tous les éducateurs ne sont pas comme ça ! Mais si votre chien présente des problèmes de comportement, faites plutôt appel à un coach comportementaliste animalier pour régler la situation avant de l'emmener dans un cours d'éducation qui pourrait empirer les choses et entraîner des agressions.

Chaque cas est unique et sollicite nos capacités d'adaptation. Nous apprendrons également que chaque comportement a une signification, peu importe la manière dont il l'exprime. Et ces divers comportements sont influencés par tout ce qui constitue l'environnement, y compris les émotions et les ressentis de chacun. **Enfin, la troisième partie de cet ouvrage propose un inventaire des idées reçues, ainsi que les éléments clés pour bâtir une relation de confiance avec votre chien,** notamment en lui faisant comprendre les demandes de base. De votre côté, vous vous appliquerez à surmonter ses réactions de rejet pour vous adapter. Votre chien n'est pas là pour vous décevoir, bien au contraire, et vous apprendrez aussi de lui.

AIMER ET ÊTRE AIMÉ PAR SON ANIMAL D'ATTACHEMENT

L'affection, l'attachement à un individu, dépend de l'ocytocine produite à son contact. Plus connue sous le nom d'« hormone de l'amour », elle est secrétée par l'hypothalamus. Les animaux en produisent aussi et sont donc autant capables d'attachement que nous.

Jadis, les êtres humains ont pu considérer les animaux comme des sortes de robots dénués d'intelligence, d'émotions et de langage – ce qui, de fait, semblait autoriser leur maltraitance. Malheureusement, de nos jours, cette conception n'a pas complètement disparu et reste encore plus ou moins ancrée dans la pensée collective. Même si on compte 19 millions de

QUESTION DE VOCABULAIRE

Vous remarquerez que je n'utilise pas le terme de « maître », ni d'autres mots qui pourraient induire un rapport de force ou de subordination de type dominant-dominé au sein de la relation humain-chien.

chiens en France et que 2 foyers sur 3 ont adopté un animal, **nous sommes parfois victimes de préjugés sociaux qui viennent s'opposer à notre capacité d'amour illimitée.** Aussi peut-il être mal vu, voire honteux, de s'attacher à son compagnon à quatre pattes au point de lui faire des câlins, de vouloir son bonheur à tout prix. Pourtant, il est tout à fait naturel que vous ayez besoin de lui, que parfois vous préfériez sa présence à celle de certains de vos semblables. Et il est tout aussi normal que vous soyez fortement affecté par sa perte. **La tristesse face à la disparition d'un être cher ne dépend pas de l'espèce de l'individu mais de l'attachement que l'on se portait mutuellement.** Un animal est un être vivant comme les autres, avec qui vous avez partagé une partie de votre vie et qui vous manquera.

Cependant, si l'amour entre un humain et de son chien peut être extraordinaire, les problèmes de comportement peuvent entacher ce lien. Je vous invite donc à les résoudre, ensemble, et au plus vite.

LES CLÉS D'UNE RELATION RÉUSSIE

Votre animal vous aimera si :

- vous instaurez avec lui un rapport de confiance et d'amour ;
- vous le respectez pour ce qu'il est et tâchez de comprendre son univers ;
- il se sent en sécurité avec vous ;
- vous lui offrez de la liberté ;
- vous le câlinez.

INSTAGRAM VS RÉALITÉ

À l'heure des réseaux sociaux, tous ceux qui s'intéressent aux chiens voient défiler des vidéos d'animaux parfaits, enchaînant trick sur trick, revenant immédiatement au rappel, etc. Il s'agit souvent de chiens de berger (Border collies, Bergers australiens, etc.) qui sont en effet réceptifs à ce genre de collaboration avec l'humain. Mais un chien, ce n'est pas que ça et ces races ne représentent qu'une infime partie des individus vivant au sein de nos foyers. La génétique a de plus en plus d'importance et doit impérativement être prise en compte. Les patrons moteurs sélectionnés dans les races et les lignées peuvent en effet assez vite devenir déclencheurs de comportements gênants pour une vie de famille. Vous souhaitez adopter un chien de chasse ? Soyez conscients du fait qu'il tuera peut-être un jour quelques poules, bousculant ainsi l'image du paisible compagnon que vous en avez. Il n'est pas surprenant que la cohabitation entre un prédateur et ses proies puisse être problématique ! Y habituer le chien dès son plus jeune âge est une bonne chose, mais n'évitera pas forcément l'accident. Gardez tout simplement à l'esprit que le chien peut considérer les chats comme des proies, même s'il les connaît depuis des années. Il est plus naturel d'observer un instinct de prédation que l'inverse.

UN CHIEN RESTE UN CHIEN. CEPENDANT, CE N'EST PAS PARCE QU'IL A ATTAQUÉ UN CHAT OU UNE CHÈVRE QU'IL DEVIENDRA AGRESSIF ENVERS L'HUMAIN !

« JE ME SERS D'ANIMAUX POUR INSTRUIRE LES HOMMES. »

JEAN DE LA FONTAINE

APPRI-VOISER SON CHIEN

INTRODUCTION AU LANGAGE CANIN ET AUX PROBLÈMES DE COMPORTEMENT

LE COMPORTEMENT

Un comportement résulte toujours d'une adaptation à l'environnement : il varie en fonction du lieu où l'on se trouve, des individus qui nous entourent, etc.

Dans tous les groupes, il faut en outre prendre en compte une dimension supplémentaire : l'organisation. **Une société est un groupe d'individus unifiés par leurs relations. Sans organisation, il est impossible de vivre à plusieurs au sein d'une société animale,** quelle qu'elle soit : nous avons tous un rôle à jouer, qui change en permanence, en fonction du contexte. Il convient de préciser également que **s'il existe une hiérarchie entre chiens, il en va autrement avec l'humain.** Ce qui n'exclut en rien la mise en place de quelques règles de vie simples.

Vous observerez facilement que **les chiens possèdent une conscience, une intelligence, qui leur permet de se différencier des autres individus présents.** Lorsque deux chiens vous font face et que vous appelez l'un d'eux par son nom, il vient vers vous, l'autre restant à sa place. Comme chez beaucoup d'autres espèces animales, **cette conscience de l'individuation est aussi ce qui leur permet de structurer un tissu social.** La conscience de soi et la conscience d'appartenir à un groupe sont des preuves incontestables d'intelligence. Nous-mêmes agissons comme des animaux… puisque nous en sommes !
Pour mieux comprendre nos chiens, nous allons modéliser nos propres comportements et organisations sociales.

L'ORGANISATION TERRITORIALE

Lorsque vous vous rendez chez quelqu'un, vous quittez votre territoire pour celui de votre hôte. Ce dernier y est le « chef » et vous êtes « soumis ». Vous attendez ainsi que la personne vous autorise à entrer pour le faire : elle contrôle les accès, vos déplacements, vous dit où vous asseoir, dirige l'organisation de la soirée, etc.

Vous n'êtes pas sur votre territoire et n'oserez donc pas circuler dans la maison où bon vous semble, vous servir dans le réfrigérateur, ouvrir la porte si quelqu'un frappe ou répondre au téléphone. Ce sont des codes simples auxquels on ne fait plus attention : nous laissons naturellement les propriétaires du territoire concerné contrôler nos déplacements. Si vous restez plusieurs jours chez vos hôtes, peut-être commencerez-vous alors à occuper l'espace plus librement.

Ces rôles s'inversent logiquement lorsque nos hôtes arrivent sur notre territoire. La répartition n'est donc pas figée et n'a rien à voir avec un quelconque trait de caractère : l'organisation est liée à un instant T.

Chez le chien, c'est la même chose ! Il s'agit par conséquent de lui faire respecter ces règles de vie, qui sont en réalité une sécurité pour lui. En effet, certains chiens, sans être des dictateurs pour autant, peuvent avoir tendance à contrôler si on leur en donne la possibilité.

Vous constaterez que beaucoup de personnes reçoivent rarement des invités car, disent-elles, cela leur demande beaucoup de travail et d'organisation et les oblige à une attention constante. Pour le chien, il est également plus relaxant d'occuper la place de l'invité i **Aidez-le donc à prendre ses aises en lui proposant un domicile sécurisant et en le guidant dans cette nouvelle vie avec l'humain.** Et comme nous ne sommes pas dans une relation dominant-dominé, je précise que le chien doit cependant pouvoir se déplacer librement dans sa maison !

LES RELATIONS ET L'ORGANISATION SOCIALE

On entend par « relation » toute interaction entre des individus, de toutes les espèces. Avez-vous remarqué que, parfois, lorsque vous recevez des invités, vos enfants cherchent à attirer l'attention sur eux, perturbant ainsi vos échanges avec les autres pour garder le contrôle ? Les petits phénomènes redoublent alors d'imagination : cris, pleurs, demandes incessantes, déguisements inopinés, etc. Autre exemple : chez sa nounou, votre enfant jusqu'alors calme, devient ingérable dès que vous arrivez et déroge aux règles qu'il respectait quelques minutes auparavant.
Si vous laissez votre chien décider de vos centres d'intérêt et acceptez qu'il vous sollicite quand il le souhaite, il devient « petit roi de la maison ». Il peut alors vous empêcher d'avoir des interactions avec d'autres personnes ou d'autres chiens, soit de façon agressive, soit en vous apportant un jouet, en déterrant une plante, etc. C'est ce que l'on appelle la jalousie, qui est une forme d'appartenance ou de prise de possession. Mais là encore, on ne parle pas de domination : pensez-vous que vos enfants vous dominent en se déguisant devant vos invités ?

DOMINANT/DOMINÉ : L'ÉTERNEL DÉBAT

Tout d'abord, rappelons qu'aucun être vivant n'a été créé pour obéir à un autre. On ne peut donc pas qualifier un chien de « dominant » et encore moins de « dominant vis-à-vis de l'humain ». C'est contre sa nature et c'est justement cette vision du chien qui le rend agressif. En effet, elle implique un comportement de rapport de force de la part de l'humain et une réponse du même ordre en face. C'est un cercle vicieux ! Pourquoi le chien est-il supposé devoir nous obéir ? Chacun a sa place et son utilité dans la nature, pour façonner un ensemble harmonieux et équilibré : il s'agit de trouver le juste milieu.
Gardons également à l'esprit que les chiens ne sont pas des humains et que leur prêter nos émotions, nos intentions et nos comportements est en réalité maltraitant. Si un chiot est un bébé ou un enfant, il n'est pas un enfant humain et ne devrait pas être considéré comme tel. Même si, je vous l'accorde, la domestication infantilise de toute façon nos animaux de compagnie ! En revanche, je vous encourage à traiter votre chien comme un bébé ou un enfant puisque c'est le cas. Il est ainsi utile, lors de l'adoption d'un chiot, de pouvoir pratiquer le «co dodo».

Toutes ces organisations sociales ont donc lieu entre humains, entre humains et chiens et entre chiens - cependant, nous le verrons, il existe des « arrangements » sur les prérogatives et certaines règles, car celles-ci varient aussi en fonction des liens sociaux et affectifs. Dans ce livre, nous en faisons une représentation simplifiée, car la réalité est bien plus complexe. **Les chiens adaptent leur comportement en fonction de l'environnement.** Loin de leur être spécifique, ce mode de fonctionnement est commun à beaucoup d'espèces animales.

Même si le chien n'appartient pas à notre espèce, nous avons tendance à le considérer comme un membre à part entière de la famille. Il convient alors de mettre en place quelques règles de vie, qui serviront de base, sans jamais devenir rigides : elles doivent toujours s'adapter à l'instant T et à chaque individu.

NE BRUTALISEZ JAMAIS VOTRE CHIEN !

Au contraire, instaurez un cadre de vie sécurisant et souple, en replaçant toujours les éléments dans leur contexte.
Un manque de sécurité génère chez tout individu, quelle que soit son espèce, une incompréhension qui peut créer du stress, de l'angoisse. Votre chien n'aura aucune autre manière pour exprimer son mal-être que de s'adapter à la situation en ayant recours à des comportements indésirables.
Si vous voulez que votre chien vous obéisse, vous devez être cohérent et constant. Cela n'implique pas pour autant qu'il faille lui interdire le canapé, le lit ou la cuisine, comme on le voit souvent. Ce n'est pas parce qu'un chien a droit au canapé qu'il deviendra un dictateur. Le chien est un animal libre, pas notre esclave. Comme chez l'enfant, une éducation trop stricte peut avoir de graves conséquences: il est particulièrement important de ne pas confondre règles avec brutalité et rigidité.

Je me souviens avoir participé à un salon du livre au cours duquel j'ai pu observer les comportements sans cesse changeants des personnes présentes. Initialement, certains exposants voulaient être devant ou à l'entrée de la salle, pour une meilleure visibilité. Quelqu'un avait eu droit à une place de choix et tous le flattaient. Puis, est arrivée une personnalité très respectée et admirée. Celui qui avait bénéficié de la place devant l'entrée la lui céda ! Le géant du cinéma, car c'en était un, trônait maintenant en hauteur, sur un escalier, pouvant ainsi contrôler l'assemblée. Quand ce fut son tour de prendre la parole, un silence réel succéda au brouhaha incessant : par son aura perceptible, il avait su capter l'attention générale sans aucune difficulté. Tout le monde buvait ses paroles. De fait, **un meneur n'a pas besoin d'être le plus fort physiquement pour s'imposer** : il est le plus habile, le plus compétent pour faire les bons choix et assurer la survie et la vie des individus qui composent le groupe. L'utilité de sa présence étant avérée, cette organisation s'installe naturellement – ces comportements s'observent encore aujourd'hui dans notre société.
La position sociale et la réussite dans un domaine précis résultent d'une faculté innée ou compétence, cumulée à un développement dans un environnement qui la renforce. À cela viennent s'ajouter l'entraînement et le travail dans le domaine.

Dans la relation humain-chien, nous évoquerons plutôt la mise en place d'un cadre sécurisant pour le chien en tant qu'humain d'attachement, guide ou encore parent adoptif, l'objectif étant d'instaurer un rapport de confiance. Si on s'entend sur le terme, alors nous sommes effectivement son « leader », comme un parent peut l'être pour son enfant.
Le principal est de comprendre que pour parvenir à une bonne relation avec son chien, il faut obtenir davantage de « plus » que de « moins ». Chaque fois que nous avons une interaction négative avec lui (on le gronde, on lui dit non, etc.), nous recevons des « moins » (nous perdons des points) Quand on joue avec lui, qu'on le promène, qu'on lui fait des câlins, etc., on gagne des « plus » (on acquiert des points) Plus vous avez de « plus », plus votre lien est fort.
On confond souvent le terme « hiérarchie », et tout ce qui l'entoure (« dominant », « soumis », etc.), avec « brutalité » ou « violence ». Derrière ces mots se cachent parfois des méthodes d'éducation brusques, irrespectueuses, totalement inadaptées car basées sur une vision mécanisante de l'animal issue de traditions militaires. Le chien devient alors effectivement agressif, non pas parce qu'il est dominant, mais bien parce qu'on l'a entraîné à communiquer de cette façon.

Tout le monde a besoin de sécurité, de structure. **Votre objectif est de concilier la structure sociale et les besoins naturels de chacun pour parvenir à une solution unique correspondant à chaque animal.**

DEVENEZ ET PENSEZ « ANIMAL »

Les animaux s'humanisent, pourquoi ne pas nous animaliser ?
Après tout, nous sommes tous des animaux !
Les avantages :

- **votre animal se sent compris ;**
- **vous communiquez et agissez comme lui ;**
- **vous le respectez pour ce qu'il est ;**
- **il se sent plus à l'aise et connaît sa place ;**
- **il est moins stressé ou angoissé.**

RÈGLES DE VIE POUR UN CADRE SÉCURISANT : LES MOMENTS CLÉS

Votre cadre de vie et votre organisation quotidienne vont donc déterminer le comportement de votre animal.

Pour mettre en place un climat sécurisant et instaurer une relation de confiance, profitez de certains moments privilégiés : vos repas et ceux de votre animal, l'heure du coucher, le réveil, les promenades, les jeux, ses demandes d'attention durant la journée, etc.

LE TERRITOIRE

Votre chien doit disposer d'un espace à lui, où il ne peut être dérangé et se sent en sécurité. **Oui, il peut dormir avec vous !** On ne modifie cette situation que si elle pose problème. Si tout va bien, et que chacun y trouve son compte, c'est tant mieux ! Profitez-en ! **Votre chien peut également se reposer sur le canapé.** Il a droit au confort et aux moments câlins, bien installé. De même, je n'ai rien contre le fait qu'il se couche dans le passage ou monte sur vos genoux.

LA NOURRITURE

Un chien doit pouvoir manger seul dans un endroit calme. Contrairement à ce que véhiculent les idées reçues, je vous déconseille de mettre la main dans sa gamelle. C'est une question de respect. Vous aimeriez que l'on envahisse votre assiette ?

Donner de la nourriture autre que les croquettes : oui ! Cela vous amuserait de manger tous les jours la même chose ? Qu'est-ce que c'est que ce produit tout sec ! Quel chien chasse la croquette ?

En revanche, si vous ne voulez pas que votre chien devienne envahissant pendant vos repas, ne lui donnez pas à manger à table.

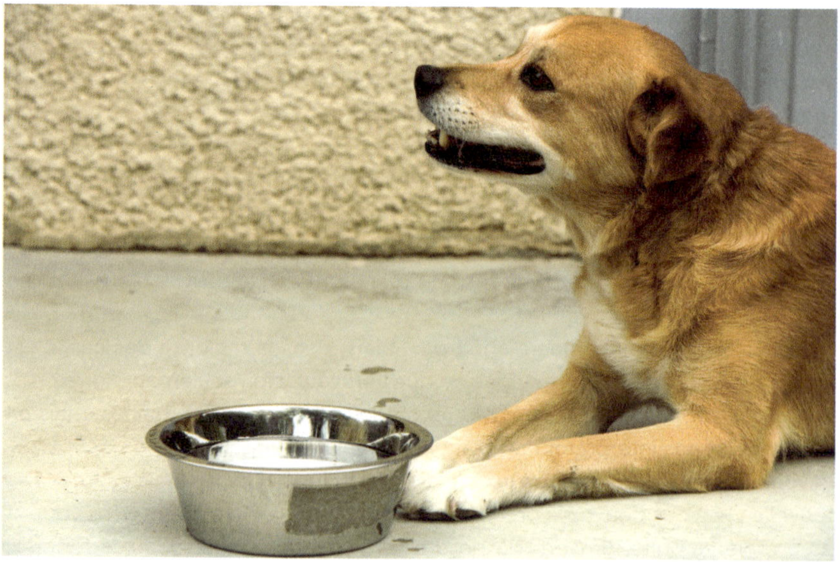

Enfin, votre chien peut évidemment manger avant vous. On n'a jamais vu un chien dominer le monde parce qu'il mangeait en premier. Mais vous serez sûrement plus tranquille pendant votre repas si votre chien a déjà mangé et qu'il dort.

LES RELATIONS

Pensez bien à distinguer les temps où vous vous occupez de votre chien de ceux où vous n'êtes pas disponible pour lui.
Une journée type peut commencer par une promenade et des jeux dans le jardin (sans votre téléphone à la main !). Ensuite, vous pourrez vaquer à vos occupations pendant qu'il dort. Puis de nouveau vous consacrer à lui. Si c'est un chiot, les temps seront plus fractionnés que s'il s'agit d'un adulte : on compte alors 30 minutes d'occupation, puis du repos, et ainsi de suite tout au long de la journée. Pour un adulte, prévoyez 1 heure minimum d'occupation, 2 fois par jour.

LE DÉVELOPPEMENT DU CHIEN

L'animal, tout comme nous, passe par différentes étapes pour devenir adulte. Toutes sont très importantes pour son apprentissage.

Pourtant, ces phases sont souvent oubliées par les parents adoptifs humains (je choisis volontairement ces mots pour ne pas dire « maîtres »). **La domestication modifie ainsi le chemin de vie de chaque individu** : nous percevons le chien comme adulte avant l'heure, et lorsqu'il est adulte nous le gardons à la maison en l'infantilisant. Pourtant, si l'on suit le cours naturel des choses, tout individu quitte le foyer de son enfance pour fonder sa propre famille le moment venu.

UN APPRENTISSAGE PROGRESSIF

Le chien n'est pas adulte avant 3-4 ans. Nous devons accepter qu'il passe par ces différentes étapes de son développement et faire en sorte que son apprentissage soit progressif. Autrement dit, si l'on transpose dans notre contexte humain : on ne peut pas passer le baccalauréat à 6 ans !

Les chiens sont adoptés trop tôt : nous devons donc faire le travail de leurs mères. Mais alors qu'il faudrait être avec eux sans arrêt, notre vie d'humains implique des obligations : un emploi, des enfants, etc. Nous sommes en plus d'une espèce différente et bien moins compétents qu'une vraie maman chien pour élever un chiot.
Parfois on croit que le chien n'obéit pas. Mais, dans la majorité des cas, c'est simplement qu'il ne comprend pas ce que l'on veut. Non seulement notre chiot est souvent trop petit pour assimiler et respecter les règles humaines, mais en plus il ne sait pas interpréter notre langage : il lui faut du temps.
Je vous encourage donc à être souple avec ce chien qui essaie de s'adapter à sa nouvelle vie. Vous pouvez le prendre avec vous dans la chambre et dans votre lit les premières nuits : il vient de perdre sa mère, ainsi que tous ses repères.

Considérer un bébé chien comme un bébé, c'est bien, c'est le cas. Il deviendra plus autonome en grandissant. On n'impose pas à un bébé humain de dormir seul dans un grand lit dès son arrivée à la maison, prétextant que sinon, il ne pourra jamais rester seul dans sa chambre. Cela n'a aucun sens : les règles évoluent en fonction de l'âge.

Il est très important que pendant son développement, votre chien soit stimulé. Faites-lui découvrir la ville, les voitures, les bruits, les autres chiens, les différents animaux, etc. Sans cela, il pourrait devenir peureux, agressif avec ses congénères, etc. Après tout, quel enfant ne ressent pas le besoin de jouer avec d'autres petits ? **À l'adolescence (entre 7-8 mois et 3-4 ans), il est possible que votre chien se montre un peu rebelle et plus difficile, c'est normal.** Chez les humains, l'adolescence n'est pas toujours facile non plus.

BIEN CHOISIR L'ÉLEVAGE

La sélection de l'élevage est fondamentale. Vérifiez que celui qui vous intéresse permette au chiot de rester avec sa mère au moins jusqu'à l'âge de 3 mois et offre de bonnes conditions de vie (présence d'humains et d'autres animaux, jardin, etc.). Malheureusement, un chiot peut légalement être vendu à l'âge de 2 mois. C'est déjà ça, et parfois il est difficile de faire autrement.

Je vous recommande de vous tourner vers un élevage familial. Éloignez-vous des grosses structures et des élevages qui multiplient les races – les vrais passionnés d'une race n'en élèvent qu'une. Vous devez également pouvoir visiter les lieux, voir la mère et son environnement. De plus, les chiens ne doivent pas vivre en box ou en chenil. Si la sélection n'a lieu que pour la beauté du chien, passez votre chemin.

L'APPRENTISSAGE DE LA PROPRETÉ

Une solution logique et efficace ? S'arranger pour que le chien n'ait jamais l'occasion de faire ses besoins dans la maison en lui proposant très souvent d'aller à l'extérieur. Pour cela, emmenez-le dehors après chaque activité (repos, repas et jeux), et toutes les 2 heures. Levez-vous au moins une fois dans la nuit pour le sortir : un chiot ne peut pas se retenir très longtemps, même s'il le veut. Il est trop petit, et ce sera le cas jusqu'à environ 4 mois, parfois plus. **Ne le disputez surtout pas s'il fait pipi dans la maison, vous risquez de le stresser.** Mettre le nez de l'animal dans son urine est aussi une absurdité : c'est un bébé. Est-ce que l'on met le nez d'un bébé humain dans sa couche sale pour lui apprendre à être propre ? Ignorez et ramassez lorsqu'il fait ses besoins dans la maison, donnez-lui une petite caresse lorsqu'il fait dehors.

COMMENT ET QUAND PUNIR ?

– En premier lieu, faites en sorte que tout aille bien pour le chien. Ainsi, il n'aura aucune raison de faire des bêtises et vous, aucune raison de le punir !

– Veillez à l'occuper assez pour qu'il soit fatigué, en prévoyant promenades, jeux, activités de mastication, etc. (en respectant son âge évidemment, on ne fait pas une randonnée avec un bébé !).

– Souvenez-vous qu'il est parfois plus judicieux d'ignorer une petite bêtise que d'intervenir. En effet, le manque d'attention et d'occupation est la cause principale des bêtises. Ainsi, lorsque vous lui dîtes « non », vous donnez à votre compagnon l'attention dont il a besoin et l'encouragez involontairement à recommencer. Le chien ne fait pas vraiment de bêtises, il s'exprime. Votre objectif principal durant toute sa vie sera d'éviter qu'il s'ennuie.

ALIMENTATION ET ACTIVITÉS

L'ALIMENTATION DE VOTRE CHIEN

Quand je demande au hasard : « Que mange un chien ? » on me répond inévitablement : « Des croquettes. » Or, les croquettes ne sont qu'une invention humaine et industrielle. Certes, elles sont pratiques : elles se conservent très bien, leur stockage ne nécessite aucun investissement et les rations sont calculées pour vous derrière le paquet. De plus, elles peuvent contenir « tout » ce dont le chien a besoin si vous vérifiez la qualité des ingrédients et leur proportion, le but étant de **choisir des croquettes qui contiennent le plus de viande possible.** Cet ingrédient doit être noté en premier dans la composition.

Cependant, des croquettes non adaptées peuvent faire apparaître des problèmes sanitaires et comportementaux. On voit parfois des chiens qui se mettent à ingérer de la terre, certains cailloux, voire leurs selles, à la recherche des éléments nutritifs qui font défaut dans leurs croquettes. Par ailleurs, **les chiens qui mangent tous les jours la même chose ont davantage tendance à voler de la nourriture** – mon expérience au sein des familles rencontrées me l'a appris. Un chien peut aussi être attiré par les selles de ses congénères se nourrissant de croquettes. En effet, les produits appétants, les conservateurs utilisés pour leur fabrication ne sont pas complètement assimilés et se retrouvent dans les selles. Après la digestion, les selles restent donc appétantes et sont nombreuses (par chien et par jour).

⚠ ATTENTION AUX OS !

Donner une alimentation naturelle ne veut cependant pas dire prendre des risques. Je vous conseille donc de faire attention avec les os. Les chiens mangent des croquettes depuis des générations, et leur estomac n'est parfois plus aussi compétent qu'avant. Les os cuits, surtout de petite taille, comme ceux de poulet, sont à proscrire : ils peuvent blesser votre chien. Il est en revanche possible de donner des os broyés finement ou des coquilles d'œufs.

PRIVILÉGIER UNE ALIMENTATION NATURELLE

Dans l'idéal, proposez à votre chien une alimentation naturelle composée de viandes crues fraîches, d'abats, de fruits et de légumes de saison, d'une cuillerée à café d'huile végétale et d'une pincée de sel. Vous pouvez ajouter 1 fois par semaine un comprimé de levure de bière, qui offre un apport important en vitamines et protège le système immunitaire et la flore, ainsi qu'une pincée d'argile verte, 1 fois par mois, car on y trouve les mêmes composants que dans la terre : sels minéraux, minéraux et oligoéléments.

L'alimentation naturelle permet de varier les repas. Les chiens sont comme nous, ils n'aiment pas manger tous les jours la même chose. Ainsi, la plupart boudent les croquettes et ne terminent pas leur gamelle.

Faites-lui plaisir et faites-vous plaisir : le voir manger ce qu'il devrait manger dans la nature est un vrai bonheur. Les chiens qui disposent de viande chez eux vont répondre à leurs besoins de carnivores, et les comportements de prédation avec les moutons du voisin peuvent devenir moins fréquents, même si le besoin de chasser et le plaisir de la poursuite resteront toujours présents.

LE VOL DE NOURRITURE

Imaginez, vous trouvez tous les jours la même chose dans votre assiette, quelque chose que vous n'aimez pas particulièrement, tandis que juste à côté de vous trône votre repas préféré... Quel supplice ! Souvent le chien est attiré par ce qui est bon pour lui. **Commençons donc par lui offrir une alimentation qui lui fait plaisir parce qu'elle est bonne pour sa santé. Son comportement changera.** Il ne sera plus voleur et sera beaucoup plus calme au quotidien. Les chiens ont faim avec les croquettes, parce qu'elles « calent » moins : elles se délitent très facilement dans l'eau et encore plus dans l'acide de l'estomac.

UNE ALIMENTATION SANS RISQUE

Malgré la domestication, les chiens sont toujours pourvus d'un appareil digestif court qui n'est pas adapté aux croquettes, trop riches en glucides. Certaines études de Joël Dehasse, vétérinaire et comportementaliste animalier, sur la salive du chien montrent en outre qu'il ne possède pas l'enzyme de dégradation des glucides, contrairement à nous. Ceux-ci se transforment donc en toxines et peuvent créer à long terme des maladies et problèmes physiques en tout genre.

Chez l'être humain comme chez les animaux, le développement de certaines maladies est en lien avec l'alimentation industrielle. Pour plus de renseignements sur ce régime alimentaire appelé BARF (acronyme anglais de Biologically Appropriate Raw Food, soit « nourriture crue biologiquement appropriée »),

UNE NOURRITURE CRUE RICHE ET VARIÉE

Ce type d'alimentation doit être bien mis en place. Le ratio classique est de 25 g de nourriture par jour et par kilo de poids, en comptant environ 80 % de viande et 20 % de fruits et légumes mixés. Ce ratio est fonction de l'activité physique et du type de chien.

demandez conseil à votre vétérinaire, votre nutritionniste canin ou votre coach comportementaliste animalier.
Sachez enfin qu'il faut éviter certains aliments, toxiques pour le chien, tels que l'oignon, l'avocat, le chocolat, le chou, les petits pois, le raisin, etc.

BALADES ET AUTRES ACTIVITÉS

Les chiens se déplacent sur différents territoires dans la nature. Un jardin ne peut donc en aucun cas remplacer les balades en extérieur. Aussi grand soit-il, cela reste une prison dorée. Ce n'est qu'une litière, que votre chien connaît parfaitement. Vous-même, ce n'est pas parce que vous avez un jardin que vous n'avez pas envie d'en sortir : rappelez-vous le confinement. Toutes les stimulations, tout ce qui fait la vie et le monde, sont à l'extérieur. Votre terrain n'a d'utilité et de confort que pour vous, qui n'êtes pas toujours disponible pour sortir votre chien afin qu'il fasse ses besoins
De plus, **votre chien a besoin d'être avec vous le plus souvent possible, même pour aller chercher le pain.** Un individu en appartement qui suit son humain en extérieur est ainsi plus heureux que celui enfermé dans son jardin en permanence.

Plusieurs promenades par jour sont donc nécessaires pour offrir à votre compagnon une bonne hygiène de vie et éviter l'apparition de comportements indésirables. La plus grande récompense, pour un chien, est la liberté de divaguer dans des lieux variés à l'extérieur du jardin. D'où l'intérêt de le faire éduquer pour qu'il évolue en toute sécurité.

À cause de la domestication, nos animaux sont devenus sédentaires. Puisque nous les nourrissons, ils ne chassent plus. Et souvent, ils attendent toute la journée que nous puissions leur consacrer un peu de temps. **Alors, même si vous rentrez fatigué, il est impératif de vous occuper de votre chien.** Vous ne pouvez pas lui demander de passer sa vie à vous regarder vivre.

En balade, l'objectif est de l'encourager à interagir avec nous dès son plus jeune âge, tout en le laissant découvrir le monde dans un environnement sécurisé. Je suis toujours attristée de voir un chiot en laisse se faire gronder parce qu'il change de trajectoire au lieu de marcher tout droit. C'est un chiot, il veut explorer, et c'est même une nécessité pour lui. Au lieu de le disputer, il faudrait trouver un moyen pour qu'il soit le plus en liberté possible.
Il existe par ailleurs différents moyens pour aider son chien à se dépenser.

AVANT LE DÉPART

L'entraînement physique de votre chien doit être progressif. Respectez les capacités physiques de sa race.
De plus, sachez qu'il existe du matériel adapté pour pratiquer le cani-cross, le cani-VTT, le cani-roller, etc., en toute sécurité.

LA MARCHE À PIED

C'est la promenade classique, facile à organiser. Elle peut être pratiquée par tout le monde et par tous les temps. La durée varie en fonction des besoins de votre chien. Il est préférable de faire plusieurs balades de moyenne durée qu'une seule, plus longue, par jour.

Les sorties à la campagne, en forêt ou encore en montagne sont à privilégier, car vous pouvez y détacher votre chien et le laisser courir. Attention, cependant, à bien respecter les règles éventuelles liées à votre lieu de promenade. Rappelons également qu'un chien est considéré comme « divaguant » dès qu'il n'est plus sous la surveillance effective de son propriétaire, ou qu'il est éloigné de lui ou de la personne qui en est responsable d'une distance dépassant 100 mètres et qu'il se trouve hors de portée de voix ou de tout instrument sonore permettant son rappel – cela ne s'applique pas lors d'une chasse ou dans le cas d'un chien de garde de troupeau.

Si vous n'osez pas détacher votre chien, je vous conseille d'avoir recours à l'éducation canine pour y remédier et permettre ainsi à votre animal d'évoluer librement en pleine nature.
Pour un maximum de dépense physique et de motivation, on peut jouer sur la nouveauté. Il est donc important de varier les lieux de promenade.
Si votre chien tire en laisse, sachez que moins vous l'emmènerez se promener, plus il tirera d'excitation lorsque l'occasion se présentera. Et si vous ne le sortez pas assez en dehors du jardin, il ne vous écoutera plus une fois libre : il en profitera.
D'autre part, **nous marchons trop lentement pour les chiens, qui trottent dans la nature.** Pensez donc à accélérer votre pas plutôt que de demander sans cesse à votre chien de ralentir et de le mettre en échec.

LE JOGGING

Quand vous courez, votre vitesse est plus adaptée à celle du chien que pendant la marche à pied : il se dépense plus. Pour beaucoup d'individus, il est très important d'organiser au minimum un jogging par semaine. C'est aussi un gain de temps : 1 heure de jogging correspond à 2-3 heures de marche à pied. Enfin, cette activité permet aussi de renforcer votre complicité ! Cependant, elle ne doit pas être pratiquée avant que le chien ait atteint l'âge de 12 mois. Il est également souhaitable que votre chien soit suivi par un vétérinaire et un ostéopathe régulièrement.

LE VÉLO

C'est un bon moyen de fatiguer son chien. Ici, un minimum d'apprentissage est nécessaire pour éviter les chutes. Commencez par habituer le chien au vélo dans votre jardin, puis avancez en posant votre pied au sol. Lorsque cette phase est acquise, vous pouvez commencer à pédaler dans un environnement sans stimulation. Pensez à garder la main sur le frein et observez votre chien. Il s'arrêtera sûrement pour marquer son territoire, c'est normal. Progressivement, il prendra l'habitude de moins le faire.

LE ROLLER

C'est une activité qui correspond aussi à l'allure naturelle du chien. Il est indispensable de vous entraîner seul avant de sortir avec votre compagnon si vous souhaitez qu'il vous tracte.

LES ACTIVITÉS NAUTIQUES

Vous partez en bateau, en canoë ou en paddle ? Emmenez votre chien si le lieu est adapté, il pourra profiter de la balade, voire nager à vos côtés – **la natation est une excellente activité pour lui, non traumatisante.** Sachez qu'il existe des gilets de sauvetage pour chiens. Attention cependant, certaines races comme le Bouledogue français n'aiment pas l'eau, et à juste titre : ils ne savent pas nager et peuvent se noyer !

LES ACTIVITÉS DE MONTAGNE

Vous rejoignez les sommets enneigés ? **Les randonnées en raquettes, le ski de fond, les jeux dans la neige sont d'excellentes occasions que votre chien vous accompagne et se dépense.** Si vous êtes mordu de montagne, vous pouvez même apprendre à faire du traîneau avec votre chien. **Il est possible de lui acheter des chaussons ou des manteaux adaptés** et de lui apprendre à les tolérer progressivement. **Certains baumes gras protègent en outre les coussinets** contre le froid.

LES PREUVES D'AMOUR ESSENTIELLES

- **une bonne alimentation ;**
- **des promenades ;**
- **des jeux avec les congénères ;**
- **de la sécurité.**

LES ACTIVITÉS COGNITIVES ET MASTICATOIRES

Elles sont tout aussi fatigantes et indispensables à votre chien que l'activité physique. Elles peuvent être proposées lorsqu'il pleut, quand votre chien est en convalescence, pour travailler l'autocontrôle, pour calmer l'anxiété, etc. Vous pouvez lui apprendre des jeux, des tricks, les couleurs, des noms et plein d'autres choses ! Attention cependant à ne pas le mettre inutilement en difficulté, tout est une question de dosage. N'oubliez pas, enfin, que la mastication est primordiale chez le chien. Le bois de cerf est généralement apprécié.

LE CONTACT AVEC LES AUTRES CHIENS

Parmi les besoins vitaux du chien se trouve le jeu avec ses congénères. C'est un animal social ! **Si un chien n'a pas de contact avec les autres chiens au cours de la première année de sa vie, il risque de devenir très agressif envers eux.** Il ne faut donc pas craindre de les mettre en contact, mais bien être capable d'anticiper d'éventuelles bagarres. Sachez aussi qu'un chien se montrera plus calme avec son congénère s'il peut l'aborder en liberté et à son rythme : la rencontre frontale et en laisse est contre sa nature.

RENCONTRES CANINES : QUELQUES CONSEILS

- **Lors des rencontres avec ses congénères**, laissez votre chien libre avec une laisse trainant au sol, de manière à pouvoir intervenir si nécessaire.
- **Choisissez un territoire neutre et sans aucune ressource** : alimentation, jouets, lieu de couchage, etc., ne doivent pouvoir mettre les chiens en compétition.
- **Si vous souhaitez qu'un autre chien vienne chez vous en présence du vôtre, il est préférable de passer par une rencontre en extérieur,** sur un terrain neutre. Une fois le contact et le lien établis, il est possible de le faire rentrer dans votre jardin. Tout comme vous, le chien n'invite pas n'importe qui chez lui !

PRÉDISPOSITIONS GÉNÉTIQUES

Mes expériences m'ont amenée à penser que l'acquis a une très grande part d'influence dans le comportement d'un chien. Cette conception évite de plus de faire rentrer des individus uniques dans des cases.

Cependant, **les races et les lignées influencent les prédispositions génétiques et il faut les prendre en considération avant de choisir une race.** Certaines peuvent être plus agressives et dangereuses que d'autres, en raison, par exemple, de mauvais croisements.
Il existe par ailleurs des races plus sportives, d'autres possédant un instinct de prédation plus développé. **Ce qui compte est que l'environnement que vous proposez à votre chien lui corresponde.** Rassurez-vous, il est toujours possible, pour lui comme pour vous, de s'adapter !
La sélection naturelle a abouti à des « patterns » comportementaux stables chez les chiens, mais les races actuelles sont également la résultante d'une sélection artificielle (faite par l'humain) qui a permis de définir un profil comportemental héréditaire avec ses qualités, mais aussi ses défauts. **Certaines races souffrent ainsi de problèmes de santé incompatibles avec la survie en milieu naturel : la nature n'aurait jamais « créé » ce type de tares.**

Par ailleurs, certaines qualités sont des défauts dans un environnement donné, et inversement, certains défauts peuvent devenir des qualités. Par exemple, les chiens de berger ont tendance à contrôler les déplacements. C'est une qualité lorsqu'ils travaillent avec des troupeaux de moutons en montagne, mais bien un défaut lorsque le chien vit en famille et qu'il pince les enfants qui courent.

QUELQUES RACES

Cette liste non exhaustive généralise volontairement certains comportements, observés au cours de mon expérience professionnelle. Cependant, gardons à l'esprit que tout individu est différent. Mon objectif est simplement de vous aider à choisir le chien qui vous conviendra le mieux, et ce surtout en fonction du temps que vous avez à lui accorder.

BEAUCERON

C'est un chien rustique, qui aime être dehors, adapté à l'hiver et sportif. Il est moins réceptif que les autres bergers à l'éducation canine. La structure sociale doit être bien mise en place.

BERGER ALLEMAND

C'est une race facile à éduquer, car très réceptive et plutôt calme, très proche de l'humain et à l'écoute. C'est pour cette raison que les Bergers allemands sont souvent utilisés comme chiens de travail. Ils ont besoin d'occupations.

BERGER BLANC SUISSE

Voici un chien très facile à éduquer, mais souvent peureux, surtout avec les étrangers. Il est donc particulièrement important de bien le sociabiliser dès le plus jeune âge, afin de l'habituer à un maximum de stimuli.

BERGER MALINOIS

Une autre race facile à éduquer et apprenant très vite à réagir à nos demandes. Extrêmement sportif, le Berger malinois est aussi très nerveux et monte vite en pression. Si son besoin quotidien de dépense physique et mentale n'est pas satisfait, des comportements indésirables apparaissent très rapidement. Le Berger malinois est souvent entraîné au mordant, mais d'autres disciplines plus familiales peuvent tout autant convenir à son épanouissement.

LES TOC CHEZ LE CHIEN

Les TOC (troubles obsessionnels compulsifs) sont de plus en plus courants et il est difficile de les supprimer. Ils se manifestent de différentes manières selon les races : le Jack Russell peut courir après des mouches invisibles, le Border collie demandera qu'on lui lance une balle ou un bâton en permanence, etc. Ces TOC sont automatisés et s'auto-encouragent. On ne pourra donc modifier que la part du TOC liée à l'ennui, puisque nous n'avons pas la possibilité de modifier la génétique sans médicaments. Ces troubles ont pour origine la génétique ou les premières semaines de la vie du chiot : ils sont souvent liés à des élevages irresponsables ou incompétents. Dans le cadre de la gestion des TOC, il est intéressant que les éducateurs canins et coachs comportementalistes travaillent en partenariat avec des vétérinaires compétents.

CAVALIER KING CHARLES

C'est une race plutôt calme. Il est possible de faire vivre ces chiens dans un environnement plutôt permissif et en se souciant peu de leur bonheur sans trop craindre de comportements indésirables en retour… d'où certains abus. Ces chiens méritent pourtant autant d'attention que les autres, même s'ils ne manifestent pas leur mal-être. Par ailleurs, cette race n'étant pas sportive, ses individus seraient incapables de survivre dans un environnement naturel.

DALMATIEN

Les Dalmatiens, quoique sportifs, sont frileux et préfèrent les températures chaudes. Ils sont souvent considérés comme des chiens spéciaux. Ils n'exécuteront pas tous vos ordres tête baissée : ils réfléchissent et ont leur mot à dire. Il faut donc trouver l'astuce pour leur donner envie de répondre à la commande. Ce sont des chiens qui « se méritent » !

HUSKY

Les Huskys sont des chiens primitifs. La sélection humaine a eu peu d'influence sur eux : ils sont proches de leur instinct et de la nature. Ce sont des chiens très intelligents et peu dociles. Ils aiment se promener lorsqu'il fait très froid et sont extrêmement sportifs, indépendants et prédateurs. Ils ont besoin de plusieurs heures de sorties en extérieur par jour. Souvent, ils préfèrent la compagnie de leurs congénères à celle de l'homme. Ils ne fuguent pas s'ils se promènent suffisamment en dehors de votre terrain, au point de combler pleinement leur très grand besoin de chasse, de découvertes et d'activité physique. Il suffit donc de leur consacrer beaucoup de temps, de faire preuve de patience et d'accepter de lâcher prise.

JACK RUSSELL TERRIER

Il s'agit d'une race très sportive et qui aime la chasse. Ces chiens ne sont pas toujours faciles à éduquer, car ils sont nerveux et se laissent aisément distraire ; il faut donc réussir à les motiver pour les captiver. En outre, ils ont besoin de beaucoup de sorties à l'extérieur du jardin.

LABRADOR

Intrépide, il vit souvent une jeunesse particulièrement mouvementée, car il met plus facilement que les autres chiots des objets en bouche. Les Labradors sont plutôt souples sur les critères sociaux et la hiérarchie ; ils ont confiance en eux et défendent donc rarement leurs ressources.

ROTTWEILER

Il possède un caractère assez souple, une grande force physique et une mâchoire très puissante. C'est un chien peu sportif et plutôt facile à éduquer. Contrairement à ce que certains pensent, ce n'est absolument pas un « mauvais » chien – ce concept n'existe que dans notre esprit.

YORKSHIRE TERRIER

C'est une race assez active et qui a du caractère. Ces chiens sont de bons chasseurs et, comme tous les terriers, montrent une tendance à creuser. Contrairement à ce que l'on pense, le Yorkshire terrier n'est pas un chien à « mamie » : au contraire, il est rustique et énergique.

Bref, les chiens sont tous géniaux. Mais ils évoluent différemment, en fonction notamment de l'environnement. Et une chose est sûre : ils ont tous besoin de stimulation physique et cognitive.

Les critères physiques et psychiques d'une race inscrite au LOF (le grand livre répertoriant les origines des chiens français de race) ne sont d'aucune utilité du point de vue de l'animal. Ce sont des critères subjectifs, basés sur une conception humaine. De plus, **les chiens sont parfois sélectionnés sur des critères physiques qui peuvent porter préjudice au corps et à la santé de l'animal en question** (on pensera notamment aux chiens au nez plat souffrant de problèmes respiratoires). **La mutilation qui consiste à couper les queues et les oreilles des chiens n'est également qu'une résultante aggravée de tout ce système de modélisation de l'animal** – la coupe des oreilles chez le Dobermann est désormais interdite, mais cette mesure n'est pas toujours respectée.

En outre, les critères psychiques ne sont que des prédispositions. Vous n'aurez pas plus de garantie de stabilité mentale avec un chien LOF qu'avec un chien issu d'un croisement. Les gènes qui définissent l'agressivité ou la gentillesse n'existent pas, et l'être humain n'exerce pas autant de contrôle sur le vivant (heureusement car certains comportements génétiques seraient pires !). **Il est beaucoup plus judicieux de se concentrer sur l'environnement dans lequel se développe le chiot que vous envisagez d'adopter** (une maman donnant le bon exemple et présente aux côtés de ses chiots pendant au minimum 3 mois, etc.).

Certains comportements reflètent aussi la personnalité de votre chien. Face à une même situation, certains chiens passent à l'attaque, d'autres fuient. Il existe des chiens anxieux, d'autres plutôt calmes. Chaque individu demandera une adaptation.

À RETENIR

Le comportement de votre chien dépend :
- de ses prédispositions génétiques ;
- de sa personnalité ;
- de son âge ;
- du cadre dans lequel il vit ;
- des activités physiques et mentales qui lui sont proposées ;
- de son alimentation ;
- de son hygiène de vie ;
- de ses apprentissages.

L'objectif est de compenser l'environnement naturel auquel nos chiens n'ont plus accès, afin qu'ils puissent bénéficier pleinement des avantages de la domestication.

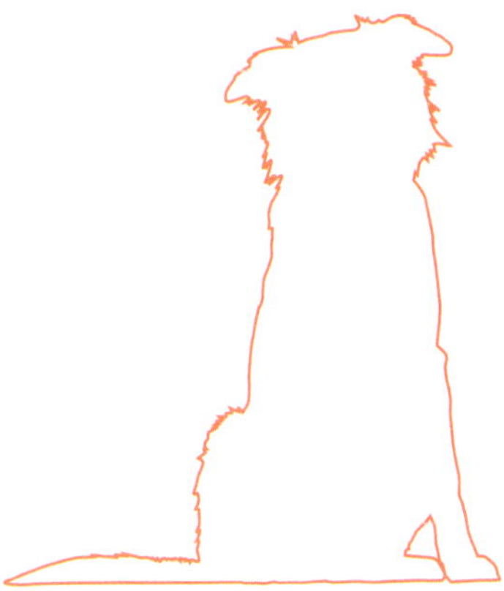

« QU'EST-CE QUE SIGNIFIE "APPRIVOISER" ?
- C'EST UNE CHOSE TROP OUBLIÉE, DIT LE RENARD. ÇA SIGNIFIE "CRÉER DES LIENS..." (...)
LES HOMMES ONT OUBLIÉ CETTE VÉRITÉ(...).
MAIS TU NE DOIS PAS L'OUBLIER.
TU DEVIENS RESPONSABLE POUR TOUJOURS DE CE QUE TU AS APPRIVOISÉ. »

ANTOINE DE SAINT-EXUPÉRY, *LE PETIT PRINCE*, © ÉDITIONS GALLIMARD.

PRO-BLÈMES DE COM-PORTE-MENT

PROBLÈMES DE COMPORTEMENT

LES ABOIEMENTS

Votre chien aboie sans cesse ? Au moindre bruit ? Au moindre passage ? Parfois pour rien ?

Comme avec les autres comportements, il faut contextualiser les aboiements pour en comprendre la signification. **Chacun est différent en fonction de ce qu'il exprime.** Les chiens peuvent en faire varier l'intensité, le volume et la fréquence.

L'aboiement intempestif extériorise, dans certains cas, la libération du stress ou de l'angoisse du chien, par exemple lors de l'absence de la famille. Ces vocalises, qui sont souvent accompagnées d'autres comportements indésirables (malpropreté, destruction, hurlements), sont alors l'expression d'un mal-être. **L'objectif est donc d'éliminer ce dernier, et pas simplement les aboiements.**

L'être humain a souvent du mal à supporter ceux-ci, qu'il considère comme une nuisance sonore, même s'il vit en promiscuité avec le chien. Par ailleurs, il existe parfois des contraintes environnementales : en appartement, le bruit des aboiements peut engendrer des problèmes de voisinage.

☒ À ÉVITER

LES COLLIERS ANTI-ABOIEMENTS envoyant des décharges électriques devraient être formellement interdits. Ils ne traitent que l'expression de quelque chose de plus profond. Or, tout comportement est utile, et si on l'élimine par la manière forte sans le comprendre, on s'expose à d'autres « troubles » du comportement très graves, anxieux ou dépressifs, par exemple.

Un chien aboie pour jouer, accueillir, menacer, obtenir de l'attention, lorsqu'il sent une odeur particulière, etc. Dans ce cas, l'aboiement est normal… même s'il gêne les voisins ou vous-même.
D'autre part, les aboiements résultent parfois d'un apprentissage. Vous pouvez en effet inciter votre chien à aboyer de plus en plus régulièrement, de façon involontaire. Gardez à l'esprit que quand votre chien adopte un comportement, il attend une réponse environnementale. Si la réponse n'est pas celle qu'il souhaite, alors il arrêtera ce comportement. Si la réponse est celle qu'il espère, il continuera. **Ainsi, s'il aboie pour obtenir votre attention et que vous lui en donnez en le regardant ou en le disputant, il est content, c'est comme une récompense pour lui**. Son comportement se trouve alors encouragé et il aboiera désormais dès qu'il voudra obtenir de l'attention.
Autre cas fréquent : le facteur. Il passe tous les jours près du territoire de votre chien et celui-ci prévient en aboyant. Au moment où le chien aboie, le facteur s'en va et le chien pense qu'il a réussi à faire fuir cet étranger qui s'est approché trop près : il s'estime récompensé. Le lendemain, son aboiement n'en sera que plus violent et fort.
Alors que faire ? Vous l'aurez compris, tout dépend de la cause de l'aboiement ! C'est ce que nous étudierons un peu plus tard…

AGRESSIVITÉ ET AGRESSIONS ENVERS L'HOMME

Se faire mordre par son chien (ou par un autre chien) fait l'effet d'un électrochoc. Cet animal en qui vous aviez confiance, qui vit à vos côtés tous les jours, a mordu un être humain. Comment réagir ? Il faut prendre la chose au sérieux, évidemment, mais sans exagération.

Tout d'abord, et comme toujours, il convient de **consulter un vétérinaire** pour écarter toute cause médicale (une tumeur au cerveau, par exemple).
Ensuite, **il faut s'entendre sur la signification du terme « mordre »** : le chien a-t-il arraché le bras, éraflé la joue ? Lorsque vous donnez un gros os à ronger à votre chien et que vous observez à quelle vitesse il le broie, vous pouvez percevoir la puissance de sa mâchoire. **Si vous n'avez que la marque de ses crocs sur votre bras, c'est la preuve que le chien s'est contrôlé.**
Il faut donc surtout apprendre à mesurer ses interprétations. Ce n'est pas parce que vous êtes surpris et dans l'incapacité d'appréhender la morsure ou le pincement qu'il n'y a forcément rien à comprendre.

Une bonne hygiène de vie, un cadre sécurisant et de la patience peuvent permettre d'éviter de nouvelles tentatives. La prise en charge de la protection de ressources par le chien est aussi très efficace. Souvent, c'est l'être humain qui, volontairement ou non, est agressif en premier.

SACHEZ CHOISIR VOTRE PARTENAIRE

- Renseignez-vous bien sur les études, la méthode et les résultats du professionnel à qui vous faites appel.
- N'ayez jamais recours à l'éducation canine s'il existe déjà des comportements indésirables, au risque de les amplifier (voir p. 10 à 13).
- Si la méthode proposée ne vous convient pas, arrêtez tout !

Il arrive parfois que des groupes de chiens s'en prennent à des personnes. Ce sont généralement des animaux qui vivent ensemble et en liberté, comme les chiens de ferme. Ils ont développé un sens de la territorialité qui dépasse le lieu de leur habitation pour recouvrir tout l'espace dans lequel ils ont l'habitude d'errer. Un individu qui passe rapidement peut stimuler leur instinct de poursuite. En effet, la vision du chien est basée sur le mouvement ; cela déclenche chez lui l'envie de courir après la personne en question. Ici, ce phénomène est renforcé par l'effet de meute.

Les diverses statistiques concernant les morsures des chiens laissent apparaître que la plupart ont lieu sur des enfants de moins de 15 ans et des garçons. **Le sexe est donc un facteur de risque.** Peut-être parce que les garçons sont souvent plus agités et intrépides ?
Les personnes les plus exposées aux morsures sont par ailleurs les cyclistes, les adeptes du roller, les randonneurs et les joggeurs : leur déplacement rapide a tendance à provoquer là encore des réactions de poursuite chez le chien. **Les chiens de berger sont les plus susceptibles de réagir dans ces situations,** puisque les patrons moteurs de poursuite et capture sont plus que présents chez eux. Il n'est pas rare, en tant que professionnel, d'être contacté pour un Border collie qui pince les enfants lorsqu'ils courent, par exemple.

L'enfermement ou la maltraitance peuvent expliquer une morsure. Dans les refuges, entre autres, un chien en box pourra devenir agressif et passer à l'acte sur les personnes qui l'entourent. C'est un comportement qui exprime un mal-être et un appel au secours : « Sors-moi de là ! »
Cependant, gardons à l'esprit qu'**un comportement est une adaptation à l'environnement**. Ce chien qui mord dans le box d'un refuge n'est pas obligatoirement un chien dangereux. Une fois en liberté et heureux, il deviendra certainement un gentil toutou. De même, un chien destructeur en box ne le sera pas forcément une fois adopté. **L'anxiété et la peur d'un animal sont aussi des déclencheurs de l'agressivité.**

GROGNEMENT = DANGER ?

Un chien qui grogne n'est pas nécessairement agressif. Le grognement peut en effet exprimer différents états émotionnels, un inconfort notamment, mais également le jeu. Il peut aussi parfois servir d'avertissement.

Par ailleurs, les **chiens mal sociabilisés**, qui n'ont pas connu d'autres congénères pendant la période de développement psychique ou qui ont été conditionnés à l'attaque face à un humain ou un autre chien, n'ont pas d'inhibition à la morsure. Ils ne réfléchissent pas, ne se contrôlent plus.

La consanguinité est aussi un facteur d'agressivité. Et pourtant, c'est la spécialité de certains élevages, qui préfèrent conserver quelques-uns des aspects physiques d'une lignée en accouplant des membres de la même famille.

À NE PAS FAIRE

- Paniquer et réagir à la hâte en cas de pincement.
- Laisser votre chien errer autour de votre lieu d'habitation.
- Laisser un chien seul avec un enfant.
- Enfermer un chien ou l'enchaîner.
- Le punir.
- Attendre que le chien passe à l'acte pour réagir.

Les comportements de protection de ressources correspondent quant à eux à une autre cause d'agressions. Une ressource est ce qui permet de subvenir aux besoins d'un être vivant. Certains chiens défendent une ressource parce qu'ils en ont manqué à un moment donné ou parce qu'ils ont appris depuis qu'ils sont bébés qu'il fallait défendre ce genre de « biens » pour survivre. C'est parfois uniquement le résultat d'un apprentissage. Les chiens concernés sont généralement les plus sensibles.

L'homme ne respecte souvent ni les principes de vie ni la nature de chaque espèce, y compris de la sienne. Ne demandez pas à un chien de ne pas aboyer : adoptez plutôt un autre compagnon, qui vit et communique différemment. **Choisissez une espèce en fonction de ce qu'elle est et de ce que vous voulez partager, et non en fonction de ce que vous voulez qu'elle soit ou de ce que vous pensez qu'elle est.** On attend souvent, de la part des chiens, qu'ils ne soient plus des chiens.

Les chiens deviennent alors agressifs parce qu'on ne respecte pas leur nature. On leur demande de ne pas mordre, alors que c'est leur moyen de préhension (c'est comme si on vous demandait de ne jamais vous servir de votre main) ; d'être presque toujours en laisse, alors qu'ils sont épris de liberté ; de manger des croquettes plutôt que ce qui les attire sur la table ou dans la nature ; de rester calmes devant des enfants qui courent ; de ne pas creuser dans le jardin ; de ne pas tirer sur la laisse pour rejoindre un congénère, alors que le chien est un animal social.

CHIENS ET ENFANTS

Tous les chiens peuvent devenir dangereux. C'est pourquoi vous ne devez jamais laisser un enfant jouer seul avec votre chien. Un jeune chien notamment est souvent maladroit dans sa gestuelle, sans aucune intention pourtant d'êtrc agressif.

AGRESSIVITÉ ET AGRESSIONS ENTRE CHIENS

Les chiens sont des animaux sociaux, qui ont besoin de contacts avec leurs congénères. Malheureusement, certains d'entre eux n'ont pas l'opportunité de grandir et de se développer auprès de leurs semblables. Or, si un chien ne côtoie pas ses congénères durant la première année de sa vie, c'est-à-dire pendant son développement psychologique, il deviendra un chien désocialisé. Il pourra alors se montrer dangereux pour les autres et s'attaquer à n'importe quel chien, voire le tuer.

Il faudra donc resocialiser ce chien. C'est un travail à long terme, tout à fait réalisable à condition d'adopter une procédure stricte et adaptée au cas par cas. **Il ne faut jamais mettre un chien désocialisé au milieu d'un groupe de chiens,** il risquerait d'être traumatisé et de devenir plus agressif encore. **Le travail de resocialisation doit être progressif,** puisqu'il s'agit de modifier une véritable psychopathologie.

Par ailleurs, si un chien a été mordu par un congénère, il peut devenir agressif à son tour.

Les autres types d'agressions sont liés à des rivalités hiérarchiques et restent normaux. **Les chiens ne s'accordent pas toujours entre eux.** Il faut dire aussi qu'ils adorent se bagarrer ! Néanmoins, ces altercations peuvent être très impressionnantes.

MAUVAISES IDÉES

- Mettre un chien désocialisé au milieu d'autres chiens sans une procédure progressive stricte.
- Placer un chien qui a été mordu par un autre au milieu d'un groupe de chiens.
- Le disputer ou l'attacher sans comprendre la cause de son comportement.
- Tenir son chien en laisse courte et tendue lors d'une rencontre entre congénères : cela le stresse.
- Investir le territoire d'un autre chien (son jardin ou sa maison).
- Donner à manger à deux chiens l'un à côté de l'autre.
- Négliger le fait que chacun doit avoir son espace vital.
- Avoir peur des autres chiens : vous frustrez votre chien en empêchant le contact et cela peut le rendre agressif.
- Ne pas superviser la rencontre d'un grand chien avec un chien très petit s'il n'en a pas encore vu dans sa vie, car il risque de le prendre pour une proie (un lapin).

DESTRUCTIONS

Votre chien détruit ? Je reçois au minimum un appel par jour à ce sujet. C'est en effet un problème très fréquent, qui indique systématiquement un mal-être chez l'animal. C'est également l'une des principales causes d'abandon, et souvent une source de conflits au sein d'un couple.

Les personnes vivant avec un chien destructeur ne supportent plus de voir leur maison saccagée à chaque absence et finissent par stresser dès qu'elles doivent sortir, voire par ne plus sortir.
Les chiens ne sont pas faits pour être seuls. Ce sont des animaux sociaux qui ont besoin de vivre avec leur famille. Ils souffrent tous de l'isolement, même ceux qui ne le montrent pas. Les mutations génétiques en lien avec la domestication font qu'ils sont devenus dépendants de l'homme. Il nous faut assumer maintenant !

Il convient également de **distinguer la destruction dite « normale » du chiot qui découvre le monde par la bouche, comme les enfants, de la destruction liée à l'angoisse.** Si le chiot continue à détruire à l'adolescence, c'est un problème de comportement. Les solutions varient selon l'origine de ce dernier ; l'évolution peut être rapide ou longue, selon le cas.
Il appartient à la famille concernée de prendre rapidement contact avec un coach animalier. Si elle tarde, le problème aura le temps de s'installer et sa résolution sera plus longue. De plus, il est dommageable d'attendre d'être au bord de la crise de nerfs pour appeler un professionnel, car patience et investissement sont de rigueur pour travailler les problématiques de destruction.

À NE PAS FAIRE

- Enfermer un chien destructeur dans une cage ou détourner son attention par des jouets ou de la nourriture, sans chercher à s'attaquer à la cause du problème.
- L'attacher.
- Le punir.

La destruction est fréquemment un signe de stress, d'anxiété : le chien essaie de s'adapter à une situation angoissante pour lui. Détruire lui donne l'impression de contrôler son environnement et cela le sécurise. Il s'agit donc d'un exutoire, pas d'une vengeance.
Lorsque les personnes qui vivent avec le chien sont absentes notamment, la solitude crée du stress, et le chien ne peut faire autrement que d'extérioriser son mal-être. Ce problème dépend de l'attachement entre le chien et sa famille. S'il est trop fort (hyperattachement), il sera source d'anxiété pour le chien, qui ne supportera pas d'être séparé de son entourage.

L'ennui est une autre cause de destruction. Il est impossible, pour n'importe quel être vivant, et surtout pour les chiens sportifs et jeunes, de passer sa vie à ne rien faire. **Pensez à sortir votre compagnon ! Il doit être fatigué avant chacun de vos départs.** Lors de votre retour, ce n'est pas forcément une bonne idée de lui faire une grande fête. Lui ne sait pas où vous êtes allé(e)s, il n'a aucune idée de ce que vous faites hors de la maison. Votre réaction exubérante peut lui laisser penser que vous avez failli ne plus le revoir. Alors, il va peut-être s'inquiéter à chacun de vos départs, stresser, détruire. Entre humains, il n'est pas d'usage de se faire la fête à chaque fois que l'on se voit, donc pensez à ne pas vous montrer trop démonstratif vis-à-vis de votre chien. Il s'agit juste d'avoir un comportement « normal » et de dire bonjour, tout simplement.

Enfermer le chien dans une cage, mettre à sa disposition des jouets, des bouteilles avec des croquettes (un jeu qui peut s'avérer dangereux) ne fera que déplacer le problème. Si un chien adulte a besoin de ce type d'objets pour rester seul, c'est qu'il ne va pas bien. Il faut alors le fatiguer avant de quitter le domicile .

Gardez à l'esprit qu'un comportement a toujours une utilité pour l'individu en question. **Si vous l'empêchez, par quel autre comportement sera-t-il remplacé ? Le chien se mutilera peut-être !**

Le chien résout son problème lui-même en trouvant des activités de mâchouillement, en grattant et en explorant la maison pendant sa destruction. Ce qui créé un problème aux humains solutionne celui du chien.

FUGUES

Les fugues se définissent comme des sorties prolongées du chien hors de son territoire et sans surveillance. Votre chien sait qu'il n'a pas le droit d'agir ainsi, mais va se soustraire à votre vigilance. Cette fuite est donc intentionnelle.

Il est nécessaire de prendre conscience du **danger** que représente cette dernière, car l'animal se retrouve alors totalement livré à lui-même.

Les fugues ont différentes causes. La personnalité du chien et son environnement sont des facteurs déclenchants. La première dépend de chaque individu, mais aussi des prédispositions génétiques. **Certaines races sont plus fugueuses que d'autres** parce que leurs besoins en activité sont plus importants, et parfois non comblés. Les Huskys en sont un parfait exemple.

La sexualité est aussi un facteur de risque, surtout pour les mâles qui partent volontairement de leur territoire à la rencontre d'une femelle dans leur environnement proche. À savoir : ils sentent à dix kilomètres l'odeur d'une chienne en chaleur. La castration est, dans ce cas, le seul moyen pour limiter les fugues.

Le chien peut aussi fuguer lorsqu'il cherche à fuir un climat trop lourd pour lui. L'arrivée d'un nouvel animal, d'un bébé, un déménagement, votre stress ou votre mal-être peuvent constituer des facteurs déclenchants. Le chien se sent mal à l'aise et cherche à retrouver un équilibre et un milieu qui conviennent mieux à son bien-être.

La faim et la peur sont également des facteurs de risque. Si votre animal sent une odeur de nourriture, il va chercher à satisfaire sa gourmandise. S'il craint le bruit des pétards ou des feux d'artifice, il peut également s'enfuir et se perdre.

À ÉVITER

LE COLLIER ANTI-FUGUE, QUI ENVOIE UNE STIMULATION ÉLECTRIQUE AU NIVEAU DU COU DU CHIEN lorsque celui-ci sort de la zone autorisée, est à proscrire car il ne règle pas la cause de la fugue ; le chien se remet généralement à fuguer quelque temps après. En outre, beaucoup de chiens développent des comportements indésirables dus au choc électrique : agressivité, et surtout anxiété. Certains en viennent à ne plus vouloir sortir dans le jardin et restent dans la maison, même pour faire leurs besoins : ils pensent que le jardin est dangereux.
Par ailleurs, ne punissez surtout pas le chien à son retour de fugue ! Vous l'encourageriez à repartir...

À RETENIR

Quelles que soient la race et la personnalité du chien, votre chien ne fuguera plus (exception faite du cas des chaleurs des femelles), si vous lui offrez :
une bonne hygiène de vie ;
- Un habitat stimulant ;
- beaucoup de promenades en extérieur (tous les jours) ;
- une l'éducation pour lui apprendre à ne pas franchir la clôture, naturellement.

Une fugue peut en outre survenir lorsque le chien ne supporte pas de rester seul. L'anxiété de séparation et la phobie de la solitude sont alors en cause. Il suffit de régler ce problème.

En premier lieu, il convient de bien clôturer votre terrain. Ensuite, la solution est différente selon la cause des fugues et en fonction de chaque individu. Mais je n'insisterai jamais assez sur les sorties. **Un chien qui fugue vous envoie le plus souvent ce message : « Je m'ennuie. Je veux sortir en dehors de ma maison et de mon jardin ».**

Peu importe la race et la personnalité de votre compagnon, si vous ne le promenez pas assez à l'extérieur de votre domicile, il décidera sûrement un jour d'y aller seul… entre autres comportements indésirables.

MALPROPRETÉ

Votre chien n'est pas propre ?
La première chose à faire est de vérifier si ce trouble n'est pas lié à un problème de santé.

La malpropreté est considérée comme un comportement anormal lorsque le chien est âgé de plus d'un an. Elle peut être un **signe de stress ou la résultante d'un mauvais apprentissage** : on pensera par exemple aux chiens qui ont vécu en chenil et appris à faire leurs besoins dans un espace fermé et clos. Il faut également distinguer la malpropreté d'un chien qui ne put se retenir de celle due au stress ou à une situation inconfortable pour lui.

À SAVOIR

POUR UN CHIEN, ÊTRE PROPRE SIGNIFIE FAIRE SES BESOINS LOIN DU LIEU D'ALIMENTATION. L'être humain ajoute une difficulté en lui demandant de se soulager uniquement à l'extérieur de la maison / de l'appartement où il le fait vivre. C'est heureusement une capacité naturelle du chien que de comprendre le « système humain » du mieux qu'il peut. Il s'adapte donc très bien à cette règle.

À NE PAS FAIRE

- Mettre le nez du chien dans l'urine ou les excréments !
- Le punir.
- Croire à une vengeance.

PEURS ET PHOBIES

Les phobies sont des peurs irrationnelles et persistantes. Un animal qui en souffre se sent vulnérable dans un contexte sans danger.

Les peurs et phobies rendent le chien méfiant et peuvent dégénérer en une agressivité s'exprimant de différentes façons. Souvent le chien se cache, adopte une position très « soumise » (il baisse la queue et les oreilles) et cherche à fuir la situation. **On observe aussi des réactions neurovégétatives, comme l'augmentation de la salivation et l'accélération du rythme cardiaque.**

Si le chien a peur d'un déclencheur en particulier, c'est la résultante d'un mauvais apprentissage ou d'un traumatisme.

Si le chien est peureux depuis l'adoption, alors il peut s'agir d'un « syndrome de privation sensorielle », surtout si le chien fait des mictions émotionnelles (« pipis d'émotion »). Ce syndrome signifie que le chien a été privé d'un épanouissement correct de ses sens (ouïe, vue, toucher, odorat) pendant la période de développement psychologique, c'est-à-dire les premiers mois de sa vie. Pour résumer, il n'est pas habitué à gérer ce qui se passe autour

⊖ MAUVAISES IDÉES

- Forcer un chien à se confronter au déclencheur n'importe comment.
- Le disputer.
- Le punir.
- L'attacher.

de lui puisque, depuis sa naissance, il ne se passe pas grand-chose. Il ne sera donc à l'aise que dans l'environnement qu'il connaît bien, avec peu de stimulations. Ce type de chiens déteste le changement.

Le reste des peurs est génétique (les peurs sont innées et transmises au sein de la race) ; nous pourrons simplement aider à les gérer.

Les solutions vont être apportées en fonction de l'origine de la peur et de ce qui la déclenche. Contrairement à ce que l'on entend, il n'est pas déconseillé de rassurer un chien qui a peur. On peut éviter d'être trop dur. C'est une question de mesure.

COMPORTEMENTS INDÉSIRABLES : ÉTUDES DE CAS

COMPORTEMENTS
INDÉSIRABLES

Les exemples qui vont suivre sont des faits authentiques, observés et analysés par mes soins. Ils sont associés à de réels témoignages.

Attention : avant le premier rendez-vous, **le chien doit avoir été reçu en consultation chez un vétérinaire afin de vérifier que les comportements indésirables n'ont pas pour origine un problème de santé.** Par ailleurs, je ne prescris jamais de médicaments, car je ne suis pas vétérinaire. Mon objectif est en outre de résoudre les problèmes sans y avoir recours.
Cependant, d**ans certains cas, une aide médicamenteuse prescrite par un spécialiste, en parallèle des solutions comportementales, est incontournable.** Elle peut parfois être utile pour optimiser la réceptivité de l'animal et l'assimilation des solutions comportementales mises en place. L'arrêt d'une prescription médicamenteuse doit également être approuvé par le vétérinaire et l'humain de l'animal. En aucun cas je n'interfère sur ce point.

En premier lieu, vous devez apprendre à lâcher prise quant aux résultats et à l'image du chien parfait : il n'existe pas ! Et on ne pourra jamais tout contrôler. Nous évoluerons avec le chien, et dans le respect du chien. **L'étape de la confiance est fondamentale dans cette relation.** Comme les enfants, les chiens ont besoin de faire leurs propres erreurs et expériences pour apprendre. Évidemment, je ne mets jamais la sécurité du chien ou de l'humain en jeu. **Je prends toujours exemple sur la nature : les animaux sont faits pour être libres et y apprendre tout ce qui constituera leur vie.**

À RETENIR

- Tout comportement a une signification.
- Il est toujours possible de changer les choses.
- Chaque cas est particulier et implique des solutions spécifiques.
- Le temps que vous pouvez consacrer à votre animal est fondamental.

ABOIEMENTS

ÉTUDE DE CAS N° 1

Stéphanie, 24 ans / Pitou, Labrador de 2 ans, qui aboie dans la maison.

Voilà un chien qui aboie constamment en présence de ses humains. Ceux-ci, désarmés, me téléphonent et m'annoncent que les voisins ont porté plainte (rassurez-vous, personne ne peut vous obliger à abandonner votre chien dans ce cas).

C'est un problème très fréquent. Je vais passer deux heures au domicile de Stéphanie pour trouver l'origine de ce comportement gênant.

PHASE D'OBSERVATION

Il s'avère ici que **le chien manque tout simplement de sorties.** Il s'ennuie et aboie au moindre stimulus. Il s'occupe comme il peut ! N'oubliez pas que le jardin est pour votre compagnon une prison dorée, une litière. Une balade par jour en dehors de cet espace (même si votre terrain est d'une grande superficie) est donc indispensable.

PHASE D'ACTION

Des promenades variées et stimulantes sont mises en place. Au retour, une partie de jeu avec le chien prolonge l'activité et resserre les liens.

Ensuite peut commencer le contrôle de l'aboiement. En effet, pour pouvoir dire « non », il faut pouvoir dire « oui ». Dans ce cas, la solution est donc d'apprendre au chien à aboyer sur commande, de sorte qu'il n'aboie plus que lorsqu'on lui demande. Pour cela, prononcez le mot « aboie », lorsqu'il aboie, afin qu'il associe le mot à l'action. Vos voisins se demanderont sûrement pourquoi vous encouragez son aboiement : à vous de leur expliquer l'astuce !

RÉSULTAT

Aujourd'hui, **Pitou a cessé d'aboyer de façon intempestive** et les voisins ne se plaignent plus. Mais ce cas simple ne doit pas faire oublier les situations aux origines plus complexes : **un chien peut aboyer pour des raisons plus graves que l'ennui, qui affectent sa santé mentale et physique.**

LES BALADES, INDISPENSABLES

Si votre chien n'a pas assez d'occupation, il s'en trouvera lui-même via des comportements qu'il utilise naturellement, comme l'aboiement.
N'oubliez pas que le chien est un animal social non sédentaire, qui chasse et se déplace. Or, les promenades suffisent à satisfaire tous ses besoins. C'est là qu'il peut fouiner, sentir des odeurs, voir des congénères, s'aérer l'esprit, être stimulé physiquement et intellectuellement. Si des promenades en laisse peuvent être frustrantes, elles valent toujours mieux que de laisser un chien enfermé dans le jardin toute sa vie. Si vous avez l'occasion de promener le vôtre dans des lieux sécurisés où vous pouvez le détacher, alors c'est parfait !

BILAN	
SITUATION	Le Labrador aboie de façon intempestive en présence de ses humains.
ORIGINE	Le chien s'ennuie : il ne sort pas en dehors de la maison et du jardin.
EXPLICATION	Le chien s'occupe avec ce qu'il peut, le moindre stimulus déclenche l'aboiement.
SOLUTIONS	• Promenades en dehors du jardin tous les jours. • Jeux et activités. • Apprentissage de l'aboiement sur commande.

ÉTUDE DE CAS N° 2

Jean, 65 ans / Pimousse, Yorkshire de 3 ans, qui aboie tout le temps.

On me contacte cette fois pour un Yorkshire qui aboie sans arrêt au moment où sa famille quitte le domicile, et parfois aussi quand il est seul. Il va même jusqu'à pincer les personnes qui sortent de la maison. Il aboie également après les autres chiens dans la rue. Pour résumer, il aboie beaucoup, et dans beaucoup de situations !

PHASE D'OBSERVATION

Pimousse est un chien qui aime décider qui sort de la maison parce qu'il a peur d'être seul. Lorsque ses humains sont présents, il occupe une place centrale dans leur vie, qu'il perd évidemment lorsqu'ils partent. Sa peur d'être seul s'en trouve amplifiée.

L'ennui peut également entrer en jeu. Certaines attitudes des humains ont aussi pu encourager ce comportement qui avait commencé très subtilement. Ainsi, ils caressent le chien qui aboie à chaque départ. Or, ce chien voit ce geste comme une récompense. Inconsciemment, ils lui apprennent à aboyer à chaque départ.

Pimousse aboie après ses congénères et certaines personnes étrangères, car il ne veut pas que ceux-ci s'approchent de ses humains. **Il veut garder sa famille uniquement pour lui : on peut dire qu'il est jaloux.**

PHASE D'ACTION 1

MISE EN PLACE D'UN CADRE SÉCURISANT

Un chien doit toujours avoir sa place, « sa chambre », dans un endroit calme. Il est également souhaitable ici de ne plus lui octroyer une place centrale, en modifiant les attitudes des humains. **On réservera du temps uniquement pour lui tous les jours, pour pouvoir aussi s'octroyer du temps sans lui.** Ce qui nous emmène directement à la solution du deuxième problème, celui de la jalousie.

Les humains doivent par ailleurs sortir le chien plusieurs fois par jour et jouer avec lui. **Structurer ses journées est la meilleure des solutions.**

Le chien sait maintenant qu'il n'occupe plus une place d'« enfant roi » et peut ressentir l'amour qu'on lui porte pendant les promenades et le temps qu'on lui consacre tous les jours. **En parallèle ou simultanément, il est possible de laisser son chien jouer avec d'autres chiens sans que sa famille soit là.** Cela lui permettra de créer des liens sociaux avec ses congénères en évitant la jalousie liée à leur présence.

Après deux semaines, qui auront servi à la famille à mettre en place les conseils de la phase d'action 1, on peut passer à la phase d'action 2.

PHASE D'ACTION 2

HABITUATION

Je prescris de petits exercices simples, à réaliser plusieurs fois par jour, en respectant le seuil de tolérance du chien. Il s'agit de **faire semblant de partir, 10 fois par jour pendant 1 minute** par exemple. Si le chien aboie, il faut diminuer le temps. Si le chien n'aboie pas pendant 1 minute, 3 fois d'affilée, alors on peut passer à 1 minute 30 d'absence.

DÉSENSIBILISATION AUX CONGÉNÈRES ET CONTRE-CONDITIONNEMENT

Il s'agit de présenter le chien au stimulus déclencheur de façon progressive en l'associant à quelque chose d'agréable pour lui. **On relie donc chaque nouveau contact canin à quelque chose de positif** et on habitue progressivement le chien à croiser fréquemment ces individus.

On peut commencer par lui donner de la nourriture à forte valeur (après avoir testé ce qu'il préfère) **lorsqu'il voit un chien à 10 mètres,** pendant plusieurs jours, jusqu'à ce qu'il soit content de voir un chien à 10 mètres. Puis, réitérer le même exercice à 8 mètres, et ainsi de suite, en réduisant peu à peu la distance. Cependant, on ne passe à l'étape suivante que lorsque le chien est content de voir l'autre chien s'approcher et ne montre plus d'agressivité. **Une fois qu'il n'aboie plus du tout à proximité d'un autre chien, on commence à supprimer les renforcements alimentaires,** là encore, progressivement.

RÉSULTAT

Cette famille a réussi à appliquer tous les conseils et obtenu une harmonie sans précédent avec son chien. Bravo à eux, car il n'est pas si facile que ça de changer ses habitudes !

BILAN	
SITUATION	Le Yorkshire aboie lors des arrivées et des départs, ainsi qu'après les autres chiens.
ORIGINES	• Le chien s'ennuie et ses humains ont renforcé le comportement d'aboiement en le caressant. • Il veut garder ses humains pour lui tout seul. • Il a peur d'être seul.
EXPLICATIONS	• Le chien s'occupe en décidant de façon exacerbée des relations et des déplacements sur le territoire. • Il essaie de dire à tout le monde de rester avec lui.
SOLUTIONS	• Sortir le chien plusieurs fois par jour et jouer avec lui durant des moments définis et structurés. • Arrêter de le caresser lors des départs et lui dire simplement « à tout à l'heure ». • Faire de petits exercices pour l'habituer aux départs. • Réassocier la présence d'un congénère à un apport et non à une rivalité.

LE TÉMOIGNAGE DE JEAN

« Depuis 3 semaines, date de notre première rencontre avec Camille, nous retrouvons un petit chien plein de tendresse. Les aboiements dans la maison se sont fortement réduits, la rencontre avec ses congénères devient plus paisible. Le laisser nous accompagner sans laisse dans nos promenades en forêt devient possible. Tout cela avec des comportements de bon sens, jamais en force, toujours en douceur. Je suis stupéfait des progrès accomplis. »

CONCLUSION

• **L'aboiement est le moyen d'expression de votre chien,** et ses significations sont multiples.

• Lors des rencontres avec les congénères, **laisser votre chien libre avec une laisse au sol pour pouvoir intervenir si besoin est la meilleure solution,** sauf si le danger est réel.

LES ABOIEMENTS DE VOTRE CHIEN SONT-ILS NORMAUX ?

Votre chien aboie…

• quand quelqu'un arrive : comportement normal ;
• au moindre bruit : comportement excessif ;
• quand il est seul : comportement signifiant que votre chien est anxieux ;
• en vous regardant : il veut attirer votre attention. Peut-être s'ennuie-t-il ?
• quand il joue : comportement normal.

• **Les petits chiens ne sont pas des peluches qui doivent passer leur vie à observer la nôtre** (et encore, quand on est là !).
Ils ont besoin, tout autant que les autres individus, d'occupations physiques et mentales.

AGRESSIVITÉ ET AGRESSIONS ENVERS L'HOMME

ÉTUDE DE CAS N° 1

Guillaume, 31 ans / Jasper, Rottweiler de 3 ans, qui a mordu un invité.

Je suis appelée pour un Rottweiler qui a mordu. En arrivant sur place, je constaterai qu'il a seulement éraflé le bras de la personne (ce qui n'est rien par rapport à ce que peut faire sa puissante mâchoire !). Pourtant, l'euthanasie est prévue pour le lendemain. Un vétérinaire ayant attesté de la bonne santé du chien, nous prenons rendez-vous pour étudier le comportement de ce dernier.

PHASE D'OBSERVATION

Il s'avère qu'un invité s'est permis, sans connaître le chien, de se coucher sur lui et de le tenir « pour s'amuser ». Jasper, ne pouvant s'échapper, a dû faire comprendre son désaccord par un autre moyen.

Nous agissons tous via notre grille de lecture. **Un comportement qui se veut « câlin » pour nous pourra avoir une tout autre signification chez le chien.** En cas d'incident, il ne faut pas réagir à la hâte, mais considérer cet événement – à prendre au sérieux – comme l'occasion d'apprendre et de le comprendre. Un éducateur comportementaliste compétent pourra vous y aider.

Sachez également que tout chien peut devenir dangereux, vous devez en avoir conscience lorsque vous décidez d'adopter.

Soyez également vigilant lors des repas avec des invités. Aux yeux du chien, ces derniers sont susceptibles de beaucoup trop occuper ses humains, qui ne vont lui donner ni attention ni nourriture en leur présence. **Cela peut créer une très grande jalousie.**

Je note également ici qu'aucune règle n'a été établie concernant la nourriture et le territoire.

PHASE D'ACTION

Il est fondamental d'expliquer à vos invités qu'il y a des gestes à ne pas faire. Un chien est un être vivant à part entière et il n'est pas obligé de tout accepter sans rechigner sous prétexte qu'il rentre dans nos maisons.

On met également en place un cadre sécurisant. **Le chien ne doit plus s'approcher de la table, il ne faut plus lui donner à manger pendant le repas.** Il est aussi possible de lui proposer une alimentation naturelle (BARF). Lorsque l'on trouve un repas varié et appétissant dans son assiette, il est moins tentant d'aller quémander ou de voler. Cela peut éviter ou diminuer la protection de ressources vis-à-vis de la nourriture qu'il va voler (qui a donc plus de valeur pour lui). Il ne voudra pas qu'on lui reprenne s'il pense que celle-ci est à lui. Manger est un besoin primaire et il est courant que les chiens protègent la nourriture.

RÉSULTAT

À l'issue de cette séance, la famille du Rottweiler a décidé de ne pas euthanasier le chien. Ils ont appris beaucoup de choses et en sont ressortis transformés.

Il faut savoir que le Guillaume avait suivi une formation de maître-chien et une autre pour chiens dangereux avant d'adopter un Rottweiler. Mais en France, certaines formations d'éducateurs ou de dresseurs ne différencient pas le comportement de l'éducation, parce qu'elles sont basées sur des traditions militaires. Elles comportent certes des avantages, et les résultats peuvent être excellents, mais le chien y est encore trop souvent considéré comme une machine sans émotions ni sensibilité.

Les chiens sont tellement présents et communs dans notre société que beaucoup pensent qu'il est facile de les connaître ; il suffit de vivre avec eux et d'être le chef. Je l'entends souvent. On imagine aussi qu'être le chef passe par le fait de se montrer méchant, sévère, rigide et de crier sans savoir détecter le moindre détail de communication du chien, qui s'exprime pourtant constamment en fonction de ce qui se passe. **Mais crier et montrer que l'on est fort ne sert à rien, comme avec les enfants.** Il est très important de comprendre et de tenir compte des liens affectifs qui se tissent entre les individus, car ils influencent leur comportement.

POURQUOI VOULOIR OCCULTER OU RÉPRIMER SES ÉMOTIONS ?

Un chien qui grogne dit juste « non » : ce n'est donc pas grave. Il est vrai que nous vivons dans une société qui refuse certaines formes d'expression. Pour les chiens, c'est encore pire : ils n'ont pas le droit d'aboyer (ça fait du bruit pour les voisins), pas le droit de grogner (ça fait peur), pas le droit d'être des enfants (on attend d'eux qu'ils passent du stade de bébé à celui d'adulte en quelques mois). Ils devraient en revanche obéir au doigt et à l'œil, supporter une vie qui ne leur convient pas, accepter qu'on ne respecte pas leurs besoins psychologiques et physiologiques, et surtout montrer une fidélité et une gentillesse à toute épreuve, même quand on les importune.

Nous attendons d'eux qu'ils soient nos peluches. Nous attendons d'eux qu'ils soient parfaits. L'être humain l'est-il ?

Le problème est que le chien s'exprime avec sa bouche et ses dents. Son corps est adapté à ce mode de communication : son cou, par exemple, est très musclé, afin que les dents de ses congénères puissent attraper cette partie du corps. L'homme n'est pas fait pour communiquer de cette façon…

LE TÉMOIGNAGE DE GUILLAUME

« La communication entre Jasper et nous est aujourd'hui rétablie, et nous avons retrouvé une confiance mutuelle, comme avant toutes les épreuves que nous avons endurées. Le dialogue et la complicité sont de retour, pour notre plus grand plaisir à tous ».

Un chien agressif n'est pas dominant, même si tout dépend de ce que l'on entend par « dominant ». On ne peut en tous les cas réduire le comportement d'un chien à sa personnalité de « dominant ». Il faut notamment prendre en considération tous les facteurs environnementaux. **Chaque cas est donc à contextualiser.**

Dire d'un chien qu'il est dominant permet à certains d'occulter l'origine des comportements. Les liens qui sont faits entre la théorie dominant-dominé et les méthodes de « dressage » ou d'éducation canine sont complètement à revoir. En effet, cette théorie dominant-dominé a une mauvaise réputation à cause de ceux qui déforment ces propos.

Ainsi, ce rapport dominant-dominé n'existe pas partout et tout le temps, dans le moindre fait et geste (il ne faut pas prêter d'intention au chien en permanence), mais c'est un concept à prendre en compte car il est présent chez toutes les espèces vivant en groupe.

À un comportement agressif suite à une prise de possession (le risque d'agression le plus fréquent), **on peut trouver des origines différentes** : structure sociale, protection de ressources, etc.

Les chiens qui défendent les ressources ou tout autre chose sont souvent des chiens très sensibles, qui ont appris à se battre pour se nourrir ou pour trouver un endroit où dormir durant les premières semaines de leur vie. Cela se manifeste lorsque la distribution de nourriture est unique pour tout le monde et que les chiens sont nombreux, par exemple. Il s'agit souvent de l'individu le plus petit, le plus fragile et le plus émotif de la portée. Et cela n'a rien à voir avec sa race !

BILAN	
SITUATION	Le Rottweiler a pincé un invité.
ORIGINES	• Le chien n'a pas de règle de vie concernant la nourriture et le territoire du salon. • L'invité a un comportement inadapté.
EXPLICATION	Le chien ne se laisse pas faire.
SOLUTIONS	• Limiter l'accès du chien à la zone de repas. • Imposer des règles aux invités : ils doivent respecter le chien.

ÉTUDE DE CAS Nº 2

Jeanne, 68 ans / Nougat, Yorkshire, de 5 ans, qui mord quand le téléphone sonne.

Le chien de Jeanne lui mord les chevilles à chaque fois que le téléphone sonne. Elle a des bleus partout mais aime son chien et ne veut pas s'en séparer.

PHASE D'OBSERVATION

Ici, **Nougat a associé la sonnerie à quelque chose d'horrible depuis que Jeanne a appris le décès de son mari par téléphone.** Aujourd'hui, elle n'ose plus répondre aux appels par crainte des morsures.

PHASE D'ACTION 1

Le premier rendez-vous est consacré au travail sur la prise de conscience du deuil non fait de Jeanne, qui peut influencer le comportement du chien. Gardez toujours à l'esprit que les animaux sont des éponges : un travail sur l'humain est ici plus que primordial – un coach comportementaliste doit d'ailleurs être formé en psychologie humaine. Un rendez-vous peut être pris chez un psychologue ou en EFT (technique de libération des émotions), si la dame le souhaite.

Il faut également avoir à l'esprit l'impact du décès sur le chien, qui était aussi très attaché au monsieur. En effet, il aurait fallu que Nougat puisse faire son deuil en voyant le corps, mais hélas, ce genre de choses n'est pas toujours évident à mettre en œuvre... Enfin, hasard ou non, ce chien a eu, juste après le mari de Jeanne, un cancer de l'intestin.

PHASE D'ACTION 2

Le second rendez-vous porte sur les techniques d'apprentissage : de petits exercices avec le téléphone, différents chaque semaine, vont réassocier celui-ci à quelque chose de positif aux yeux du chien. La dame, quant à elle, a commencé à faire son deuil... Il suffit à présent de recréer des liens de confiance en leur faisant partager des activités (jeux, promenades, etc.).

BILAN	
SITUATION	Le Yorkshire est agressif chaque fois que le téléphone sonne.
ORIGINE	Le chien a associé le téléphone à la mort de son humain.
EXPLICATIONS	• Il ne veut plus que sa famille apprenne une mauvaise nouvelle par ce biais. • Il est triste.
SOLUTIONS	• Promenades et sorties tous les jours. • Jeux. • En lien avec le deuil, suivi psychologique ou EFT. • Association du téléphone à du positif en proposant au chien quelque chose de forte valeur pour lui chaque fois que le téléphone sonne.

ÉTUDE DE CAS N° 3

Deborah, 30 ans / Jack, Cocker de 1 an et demi, qui a mordu une personne et grogne lorsqu'on le réprimande.

Ce petit Cocker n'a mordu qu'une personne : le papa de la dame avec qui il vit.

PHASE D'OBSERVATION

Je réalise rapidement que depuis toujours, ce monsieur donne des gâteaux au chien n'importe quand dans la journée, le prend sur ses genoux et dans ses bras, etc. Les morsures ont lieu depuis 1 semaine.

Ce monsieur a tout simplement des attitudes trop permissives. Un chien devient adolescent vers 9 mois : Jack commence à prendre son rôle de « petit mec » très à cœur. Puisqu'il a tout ce qu'il veut, quand il veut, pourquoi ne pas faire en sorte que cela continue ?

PHASE D'ACTION

Je change ici les règles de la maison (en instaurant moins de permissions de la part du monsieur mordu) et les règles de vie en général. En ne lui autorisant pas tout, on crée pour le chien un cadre sécurisant.

En parallèle, Jack doit disposer de son espace personnel. Des séances d'éducation canine ont lieu après 3 semaines de remise en place de la structure sociale, afin de renforcer la bonne relation qui vient d'être installée et asseoir les demandes.

Il faut en outre accorder du temps au chien et lui proposer des activités plusieurs fois par jour.

LE TÉMOIGNAGE DE DEBORAH

« En seulement 3 séances, mon chien est redevenu sage comme une image : on se comprend de mieux en mieux. J'ai vite saisi qu'il était un adolescent rebelle qui souhaitait profiter de notre permissivité. Camille a vraiment eu un rôle de traductrice entre moi et mon chien, avec une énorme écoute et toujours dans la positive attitude. »

CONSEILS

- Pour qu'un chien ne quémande pas pendant vos repas, il suffit de ne rien lui donner à table.
- Ce n'est pas ce que vous donnez qui entre en compte, mais quand vous lui donnez.

BILAN	
SITUATION	Le Cocker mord une personne en particulier.
ORIGINE	Problèmes de cadre et relationnels.
EXPLICATION	Le chien profite d'un humain trop permissif.
SOLUTIONS	• Instauration d'un cadre sécurisant. • Mise en place d'activités plusieurs fois par jour.

ÉTUDE DE CAS Nº 4

Céline, 35 ans / Bouli, Fox-terrier de 2 ans appartenant à ses beaux-parents, qui a mordu son petit garçon.

Le chien a mordu le petit-fils de sa famille sur le canapé et il grogne quand l'enfant s'approche de son grand père.

PHASE D'OBSERVATION

La famille est venue pour Noël avec les petits-enfants et s'est installée dans la maison des grands-parents. Le petit chien de ces derniers a l'habitude de monter sur les genoux du monsieur, sur le canapé, pour faire des câlins. **Le canapé et les genoux de son humain sont des endroits privilégiés, et Bouli entend bien les garder pour lui.**

C'est le petit roi de la maison, avec tous les droits possibles. Il est prêt à tout pour les défendre, quelle que soit l'espèce de son rival. Ainsi, **lorsque l'enfant monte sur le canapé pour faire des câlins à son grand-père, le chien considère qu'il prend sa place.** Et il entend l'assurer en pinçant.

Il s'agit aussi d'un comportement appris. Ce chien sait que lorsqu'il se montre « têtu » et qu'il grogne, il arrive à ses fins.

Le grand-père a une forte valeur pour ce Fox. Il y tient beaucoup, alors il veut le garder pour lui tout seul. C'est ce que l'on appelle une « protection de ressource ».

PHASE D'ACTION 1

Il convient ici de limiter dans un premier temps l'accès du chien aux endroits privilégiés (salon, chambres) et ce en permanence. **Ainsi, il n'aura plus besoin de défendre sa place et donc de pincer le petit-fils sur le canapé.**

Il faut également réassocier l'approche de l'enfant vers le grand-père à une connotation positive et non à une rivalité. Aussi, **plus l'enfant s'approchera du grand-père, plus on donnera au chien une récompense importante à ses yeux**.

LE TÉMOIGNAGE DE CÉLINE

« Le jeune Fox de mes beaux-parents n'était pas du tout éduqué et grognait régulièrement sur notre fils de 4 ans lorsque nous allions les voir. Grâce au travail de Camille avec le chien, mais également avec toute la famille, nous sommes maintenant totalement rassurés et heureux. Ce petit Fox est un super chien. »

En parallèle, on peut f**aire partager des activités à l'enfant et au petit chien pour les rapprocher** et faire naître entre eux une plus grande complicité. Par exemple, il est tout à fait possible de les emmener ensemble au parc, de faire une marche à pied en jouant avec une balle, etc. Bien sûr, ces activités auront lieu sous surveillance, mais sans la présence du grand-père.

RÉSULTAT

Aujourd'hui Bouli et le petit garçon s'entendent très bien : le chien est doux avec l'enfant.

BILAN	
SITUATION	Le Fox-terrier a mordu le petit garçon.
ORIGINE	Protection de ressource.
EXPLICATIONS	• Le chien a des privilèges de petit roi, il occupe une place centrale dans la famille et compte bien y rester. • Il est très attaché à son humain et ne veut pas le partager.
SOLUTIONS	• Mise en place de quelques règles de vie. • Restriction de l'accès aux chambres et au canapé pour le chien. • Jeux partagés entre l'enfant et le chien.

ÉTUDE DE CAS Nº 5

Yvan et Mireille, 60 ans / Gump, Berger allemand de 5 ans, qui a mordu l'un de ses proches au bras et agresse ses congénères.

Le Berger allemand a mordu une personne de son entourage. Elle a juste des égratignures, mais il faut prendre l'acte au sérieux. De plus, l'animal détruit en l'absence de sa famille et se montre agressif envers tous les individus qui lui sont étrangers.

PHASE D'OBSERVATION

J'apprends en premier lieu que ce chien sort tout juste d'un refuge. Nous ne connaissons pas son passé. **Il angoisse quand il est seul,** car **il est très attaché à ses nouveaux humains,** qui prennent soin de lui. **Il détruit donc en leur absence.** Vu son vécu, il a la phobie de la solitude.

Nous savons aussi que **ce Berger allemand a mordu une dame pendant le repas de cette dernière.** Celle-ci a l'habitude de lui donner de la nourriture quand elle mange. Rien, ou presque, n'est interdit au chien. **Il vit dans un environnement trop permissif.**

Enfin, **c'est un chien agressif avec les autres chiens, car il n'a pas été socialisé et sociabilisé** pendant sa période de développement. Il n'a pas les codes canins, c'est souvent le cas des chiens de refuge. **N'ayant pas vu assez d'humains et d'animaux pendant son enfance, il ne sait pas comment les appréhender.**

PHASE D'ACTION

Sa famille n'imposant pas assez de règles de vie au chien, nous allons donc les mettre en place. Dorénavant, **il ne faudra plus lui donner à manger à table** et le tenir à distance pendant les repas des humains.

On réinstaure également des règles de vie relationnelles. **Gump doit comprendre qu'il ne peut pas garder ses humains pour lui tout seul et qu'il n'a pas besoin de les protéger.** Il sera intéressant de demander à une personne extérieure de promener ce chien, qui pourra alors créer un lien avec celle-ci et se « défusionner » de sa nouvelle famille.

Au travers de séances d'éducation, nous renforçons ensuite pendant quelques semaines ce qui a été mis en place et nous commençons la socialisation. On rattrape le retard. Cela prend plus de temps une fois le chien adulte, mais c'est tout à fait possible. **On lui fait rencontrer des humains et des animaux (dont des chiens) de façon très progressive et adaptée.**

On commence ainsi par des séances avec un seul chien. On reste à une distance où Gump est calme en se déplaçant dans tous les sens, en se croisant. On respecte le seuil de tolérance de Gump relatif à la distance entre deux chiens, au nombre de chiens présents et au temps de travail. **On ne fait évoluer qu'un facteur à la fois et on associe le bon comportement du chien à quelque chose d'agréable.** Et un jour, c'est Gump qui fait des appels au jeu à d'autres chiens !

RÉSULTAT

Aujourd'hui, Gump participe même à des randonnées canines.

UN CHIEN PEUT-IL SE METTRE À MORDRE DU JOUR AU LENDEMAIN ?

La réponse est OUI ! Tous les chiens peuvent mordre. Cependant, certains contextes peuvent favoriser cette action. Ainsi, la plupart des comportements de nos chiens ne sont que la conséquence de notre relation avec eux.
Ils communiquent pourtant avec nous et tâchent de nous faire comprendre quand ça ne va pas, mais parfois nous ne les respectons pas. Ils sont alors obligés de s'exprimer plus clairement.

LE TÉMOIGNAGE D'YVAN

« Après son adoption, le comportement de Gump, mon Berger allemand, a très vite changé. En fait, il n'avait plus du tout de repères et s'en fabriquait sans que je le comprenne. Cela se traduisait par des destructions de chaussures, il voulait aussi s'accaparer le lit et le canapé, aboyait et faisait preuve d'agressivité envers les autres chiens, envers les animaux en général, voire même envers les personnes étrangères.
Je ne m'attendais pas du tout à ça. Le vétérinaire m'a alors dirigé vers Camille, et très vite, j'ai appris beaucoup sur la façon dont les chiens pensent et ressentent les choses. Parallèlement, mon chien a rapidement évolué dans le bon sens. Cela me passionne maintenant, et je continue à travailler avec Camille pour toujours plus de progrès, en toute sérénité. »

BILAN	
SITUATION	Le Berger allemand a mordu un proche et il est agressif avec les autres chiens.
ORIGINE	Problème de socialisation et de règles de vie.
EXPLICATION	Le chien protège ses humains, car il y est très attaché.
SOLUTIONS	• Instauration d'un cadre plus sécurisant dans la maison. • Promenades en extérieur dans différents contextes. • Éducation canine en respectant le seuil de tolérance du chien.

ÉTUDE DE CAS N° 6

Sylvie, 43 ans / Jeff, Épagneul breton de 2 ans, agressif envers l'un des enfants du foyer.

L'Épagneul sort tout juste d'un refuge. Il grogne lorsque la plus jeune des deux filles de Sylvie s'approche de lui. L'enfant a 2 ans.

PHASE D'OBSERVATION

Jeff grogne lorsque la petite fille s'approche de lui dans un espace restreint et lorsque Sylvie fait un câlin à son enfant. Le reste du temps, il est plutôt intéressé par la fillette et peut même jouer avec elle.

Il suit ses humains, surtout la maman, partout. Il semble très attaché à cette dame.

Je relève aussi que, quand Sylvie fait un câlin à Jeff, la petite fille vient et tape le chien en disant : « C'est ma maman ! ».

PHASE D'ACTION

Si la petite fille s'exprime plus clairement que le chien, le problème est le même : **Sylvie entretien une relation fusionnelle avec son chien et son enfant.** Une compétition pour son amour et son attention a donc lieu en permanence.

Le chien manque par ailleurs de sorties, et son ennui encourage ce comportement : il s'occupe de cette façon.

Nous allons donc répartir le temps de la maman entre son chien et ses enfants, faire en sorte qu'elle en donne à chacun, de façon séparée et structurée. Elle devra se tenir à cette organisation, peu importe si enfants ou chien essaient d'obtenir son attention en dehors des temps prévus.

Il est à noter qu'**une telle relation aurait pu provoquer aussi de l'anxiété de séparation,** avec des destructions de la part du chien lors des absences de son entourage. Enfin, **il est important que le père retrouve sa place au sein de la famille.**

RÉSULTAT

Aujourd'hui, tout le monde connaît sa place au sein d'un foyer harmonieux et Jeff ne grogne plus du tout.

BILAN	
SITUATION	L'Épagneul breton grogne en présence de l'enfant.
ORIGINE	Problème relationnel.
EXPLICATION	La petite fille et le chien sont jaloux de l'attention que Sylvie peut porter à l'un ou à l'autre.
SOLUTIONS	• Promenades en extérieur pour Jeff. • Travail relationnel entre la maman, la petite fille et le chien. • Répartition du temps pour en octroyer à chacun. • Rééquilibrage de toutes les relations.

AGRESSIVITÉ ET AGRESSIONS ENTRE CHIENS

ÉTUDE DE CAS Nº 1

Isabelle, 50 ans / Izia, croisée Caniche de 5 ans, agressive vis-à-vis du Yorkshire de la maison.

Cette petite chienne, adoptée un mois avant ma venue, se montre très agressive depuis une semaine envers l'autre chien de la maison. Ce dernier n'ose plus bouger, ni même sortir de son panier, car elle se jette sur lui dès qu'elle passe à proximité. Izia est également agressive avec ses adoptants : elle grogne et a déjà mordu à deux reprises.

PHASE D'OBSERVATION

Izia protège tout ; elle veut absolument tout contrôler pour obtenir les ressources correspondantes, quitte à en venir aux dents. Son passé y est pour beaucoup. Cette petite chienne vient en effet d'un refuge dont on ne sait rien ou pas grand-chose. Elle a été blessée à la patte.

Chaque morsure a une logique et est infligée lors de moments bien particuliers de garde des ressources : près du panier, près de la table ou du canapé, lorsque l'autre chien approche Isabelle, etc. **La chienne défend ses ressources parce qu'elle en a été privée précédemment.** C'est pour elle une question de survie. Les chiens qui montrent ce comportement ont souvent souffert de manque étant jeunes ou ont dû se battre au sein de la portée. Il s'agit de chiens sensibles et peu sûrs d'eux, contrairement à ce que l'on imagine souvent. Ils ont peur des autres chiens à la suite de traumatismes.

PHASE D'ACTION

Il convient ici de remettre chacun à sa place, d'instaurer le respect d'un cadre sécurisant pour tous et d'éviter toute forme de prise de possession. Les chiens seront par ailleurs séparés pendant qu'ils mangent.

Isabelle aura pour mission de contrôler les relations entre ses chiens : aller jusqu'à interdire à Izia de regarder l'autre chien, la placer à l'écart si besoin, intervenir dès qu'elle envisage l'agression en disant « non », l'éloigner de la table et de la cuisine en permanence, ne pas répondre à ses sollicitations, etc. Ainsi, Izia ne pourra plus prendre possession des ressources.

Il est également important de structurer la journée en répartissant le temps passé avec chacun de façon claire. Il faut savoir donner du temps au(x) chien(s), mais aussi apprendre à ne pas leur en donner !

Par ailleurs, **partager est synonyme de perte pour Izia.** On mettra donc en

LE TÉMOIGNAGE D'ISABELLE

« En juin 2013, nous avons sorti de la fourrière une petite chienne âgée de 5 ans, blessée à la patte et squelettique. Les premiers temps à la maison ont été difficiles : elle était très agressive, attaquait notre petite Yorkshire, volait de la nourriture, montait sur les chaises et sur la table, et grognait en nous regardant droit dans les yeux, les babines retroussées jusqu'à la truffe quand nous la faisions descendre. Nous pensions devoir la remettre en fourrière, mais elle aurait été euthanasiée compte tenu de son âge et de son agressivité. Nous avons donc contacté Camille. Elle est venue à la maison, a observé les comportements de chacun, et nous a expliqué que son caractère ombrageux était exacerbé par les souffrances endurées (sa patte avait été sectionnée jusqu'au tendon). Nous avons suivi à la lettre les conseils prodigués. En 3 jours, nous avons vu une ébauche de changement. Et à présent, 10 mois après son arrivée, Izia est devenue une chienne adorable. Elle a besoin d'un référent (nous), nous obéit et nous voue une véritable adoration. En promenade, elle marche à mes côtés, sans laisse, calquant son allure sur la mienne, ne me quittant pas du regard… Camille a fait un travail remarquable, et sans elle, Izia n'aurait pas pu connaître la belle suite de vie que nous allons lui offrir. Les coachs comportementalistes animaliers peuvent aider à éviter les abandons, voire pire… »

place des exercices pour **associer le partage et l'approche des ressources par autrui à du positif,** de façon progressive. Il sera donc bénéfique d'organiser des activités et des jeux entre elle et les autres membres de la famille pour resserrer leurs liens : promenades, randonnées, éducation canine, agility, entre autres.
En fait, **Izia doit prendre confiance en sa famille et en elle pour « oublier » ses traumatismes grâce aux balades et aux jeux,** de bons moments qu'elle pourra aussi partager avec l'autre chien de la maison.

RÉSULTAT

Aujourd'hui, Izia est parfaitement heureuse dans sa nouvelle famille et, surtout, elle n'embête plus les autres membres.

BILAN	
SITUATION	Izia a mordu l'autre chien de la maison.
ORIGINES	• Problème de protection de ressources. • Traumatisme.
EXPLICATIONS	• La chienne a peut-être manqué de ressources étant plus jeune et ne fait confiance à personne. • Elle a peur de perdre ce qu'elle a enfin trouvé. • Elle a peur des autres chiens.
SOLUTIONS	• Mise en place d'un cadre sécurisant. • Répartition du temps pour en donner à chacun des chiens. • Jeux et promenades pour établir une relation de confiance. Il est possible de proposer des activités communes avec toute la famille. • Exercices de partage et d'approche positive.

ÉTUDE DE CAS N° 2

Sébastien et Justine, 22 ans / Loki, Kangal de 9 mois et Jim, Golden retriever de 3 ans, qui se battent violemment.

Le couple possède un Kangal (une race de grande taille dédiée à la protection de troupeau) et un Golden retriever, qui se battent environ deux fois par jour. Points de suture et stress pour tous font partie du quotidien de cette famille. De plus, le Kangal détruit et aboie de façon intempestive dès que la famille humaine sort de la pièce. Le Golden est très stressé et tremble.

PHASE D'OBSERVATION

Chaque bagarre a une explication logique et met en cause une ressource :

- une gamelle de croquettes au milieu de la pièce crée des conflits ;
- les chiens ont droit au canapé et se battent donc devant celui-ci ;
- quand un chien se fait caresser, si l'autre s'approche à moins de 2 mètres, le premier lui saute dessus ;
- lorsqu'ils veulent aller dehors en même temps parce qu'ils ont entendu un bruit, ils se battent pour passer la porte en priorité.

Je note que les chiens vivent dans un espace très restreint, ce qui augmente les situations de compétitions et de conflits. Le manque de sorties rend en outre les chiens plus agressifs.

Il faut savoir que la majorité des bagarres concernent les chiens de même sexe. Il s'agit de comportements en rapport avec des manifestations hiérarchiques entre les animaux présents et/ou avec des gardes de ressources. **Lorsque la structure sociale entre deux chiens est bien établie, ce genre de conflits apparaît beaucoup moins.** Normalement, cette hiérarchie se réalise sans l'intervention des humains, par des menaces, voire un début d'agression. Cependant, **l'équilibre s'avère instable par la présence et les attitudes des personnes qui, pensant bien faire, donnent des prérogatives à chaque chien pour éviter les bagarres.** Certaines ressources ont plus de valeur que d'autres aux yeux de chaque chien. Les situations de compétition sont donc permanentes, et les chiens sont sous tension presque continuellement.

Les bagarres entre chiens sont courantes, surtout lors de la puberté des mâles. Et parfois, même la castration ne suffit pas s'il s'agit de deux mâles : certains chiens se battront toute leur vie.

PHASE D'ACTION 1

Chacun doit avoir sa place, dans un panier et dans des pièces séparées. On interdit aux chiens le secteur salon, car cet endroit représente un enjeu trop important : on y mange et on y trouve le canapé, sur lequel on peut faire des câlins avec les membres de la famille. **Les gamelles ne restent plus à disposition et les chiens mangent dans des pièces distinctes.**

Pour quitter la maison, c'est Justine qui sort en premier et demande aux chiens d'attendre. Puis, elle appelle l'un des chiens et le fait passer. Puisqu'elle choisit à la place des chiens, il n'y a plus de compétition possible.

Avec ces actions, il n'y aura plus de bagarre, donc moins de stress. On agit aussi pour détendre le Golden en le sortant beaucoup en promenade sans l'autre chien. **Chacun a droit à plusieurs balades sportives par jour, sans son congénère.**

On cible aussi l'hyperattachement qui a dévié en anxiété de séparation chez le Kangal. Il faudra ici distinguer les temps où l'on s'occupe de lui de ceux où l'on n'est pas disponible. On lui proposera également des exercices d'habituation pour qu'il apprenne à rester seul de façon progressive. Les personnes sortiront du domicile durant quelques minutes, plusieurs fois par jour, en ignorant le chien au départ comme au retour ou en lui disant tout simplement « à tout à l'heure » : cela doit être simple. On s'arrangera pour le laisser seul à la même heure pendant 2 semaines, afin d'instaurer un rituel rassurant, et toujours lorsqu'il est bien fatigué.

Je conseille également les fleurs de Bach pour apaiser le Golden et diminuer les besoins de « mener » du Kangal – bien que les prédispositions génétiques de ces races ne jouent pas en notre faveur.

Enfin, il faut s'atteler aux problématiques liées à la petite taille de l'habitat. **Lorsque l'espace est restreint, les chiens entrent en compétition : les ressources sont limitées. Nous allons pallier ce problème en augmentant les sorties.** Un chien doit de toute façon sortir de son domicile/jardin au moins 1 heure par jour. Il n'est pas envisageable de les laisser « errer » entre la maison et le jardin en permanence sans leur proposer des occupations de façon structurée.

LE TÉMOIGNAGE DE JUSTINE

« Loki, notre Kangal de 9 mois ayant un très fort caractère, nous en faisait voir de toutes les couleurs : aboiements, destructions, défense ultime de son territoire, possessivité, etc. Les relations avec son compagnon Golden allaient en s'empirant, ils se battaient deux fois par jour de façon très violente. Depuis le passage de Camille, il n'y a plus de bagarres, les relations entre eux se sont apaisées et l'anxiété des chiens diminue (la nôtre aussi !). Une nouvelle relation de confiance s'installe entre nous quatre.

Merci Camille pour tous ces précieux conseils car avec notre « lion » rien n'était gagné ! »

PHASE D'ACTION 2

Environ 3 semaines après, on associe la proximité de l'autre chien avec les ressources à quelque chose de positif.

PROXIMITÉ ENTRE CHIENS

EXERCICE 1

Donnez quelques friandises au chien qui ne défend pas sa ressource juste avant d'en attribuer au chien qui la défend, en réduisant la distance entre les deux chiens au fil du temps. **Le chien qui garde sa nourriture sera peu à peu content de voir l'autre chien manger : il sait que juste après, ce sera son tour.**

EXERCICE 2

Présentez au chien « gardien » de la nourriture de faible valeur, sans lui en donner. Il n'a pas le droit de l'obtenir pendant 15 minutes. À l'issue de ce quart d'heure, faites rentrer l'autre chien et donnez la nourriture au chien gardien. **Il sera alors content de voir l'autre chien pénétrer dans la pièce et associera son arrivée à la mise à disposition de nourriture.**

Attention : il ne faut surtout pas chercher à aller trop vite ! Ces exercices sont à répéter pendant plusieurs semaines. Commencez par une distance d'au moins 10 mètres entre les chiens. Ne réduisez cette distance que lorsque le gardien ne protège plus, et seulement d'un mètre à la fois.

PARTAGE DU SALON

Donnez quelque chose de forte valeur au gardien chaque fois que l'autre chien s'approche, jusqu'à ce qu'il laisse ce dernier entrer dans le salon. Attention à respecter les distances de sécurité pour éviter les bagarres. Enfin, débuter cet exercice suppose que les précédents soient acquis.

PARTAGE D'UN HUMAIN

Donnez quelque chose de forte valeur au gardien chaque fois que l'autre chien s'approche de la personne en question, jusqu'à ce qu'il le laisse s'en approcher. Là encore, attention au risque d'altercation. La maîtrise des exercices ci-dessus est également indispensable.

On en profite ici pour **réduire la fusion entre le Kangal et son humain et pour créer un lien plus profond entre le Kangal et le Golden.** Pour cela, Sébastien et Justine devront mieux structurer les moments où ils s'occupent de leurs chiens.

En parallèle, **nous pouvons faire partager une activité plaisante aux deux chiens, sans la présence de la famille.** Dans un premier temps, ces deux chiens ne se verront que pour vivre des moments agréables (promenades, jeux, agility, etc.).

BILAN	
SITUATION	Le Kangal est agressif avec l'autre chien de la maison.
ORIGINES	• Problème hiérarchique entre les chiens. • Problème relationnel. • Anxiété de séparation chez le Kangal. • Manque d'occupation.
EXPLICATIONS	• Les humains ne respectent pas les codes canins par méconnaissance. • Le Kangal est sensible, il a du caractère et veut un rang social assez élevé. • Les chiens cohabitent dans un espace trop restreint. • Ils s'ennuient. • Le Kangal est une race qui ne correspond pas au mode de vie des humains. • Chaque chien est attaché à certaines ressources.
SOLUTIONS	• Respect des codes canins et humains. • Mise en place d'un environnement plus adapté. • Respect des chiens pour ce qu'ils sont. • Exercices pour chaque ressource (nourriture, territoire et humains). • Augmentation des sorties et balades sportives avec les chiens, séparément. • Renforcement du lien entre les deux chiens par le partage d'activités agréables et communes. • Fleurs de Bach pour apaiser les chiens.

ÉTUDE DE CAS N° 3

Martine, 48 ans / Iduna et Pongo, Dalmatiens âgés de 4 et 5 ans, qui se sont violemment battus.

Martine, seule avec ses deux Dalmatiens, subit un enfer depuis quelques jours. Les chiens, un mâle et une femelle qui vivaient ensemble depuis quatre ans sans jamais de conflit, se sont battus très violemment, et à plusieurs reprises, alors qu'ils partageaient jusque-là le même panier. Elle les a séparés en les plaçant dans un refuge. Puis elle a récupéré le mâle, le premier arrivé au sein de la famille.

PHASE D'OBSERVATION

À la source du conflit se trouve la gamelle de nourriture. Martine avait l'habitude de donner à manger à ses chiens dans la même pièce, jusqu'au jour où la compétition s'est muée en rivalité. Ne connaissant pas les codes canins, elle leur avait octroyé des privilèges qui n'ont cessé de susciter des conflits dans une structure de plus en plus instable.

Martine s'est trouvée projetée en une fraction de seconde dans le monde du chien, si loin de celui des bisounours qu'elle s'était créé avec eux. L'atterrissage est souvent difficile, choquant.

PHASE D'ACTION 1

Dans un premier temps, j'explique les codes sociaux et les règles de vie à Martine. Pleine de bonne volonté, elle va vite comprendre le déclencheur de la bagarre. Comme souvent, un amalgame est fait entre le conflit, normal, entre ces deux chiens et leur possible agressivité vis-à-vis des humains ou des autres chiens. Il n'y a pourtant aucun rapport. Ces deux chiens se sont battus pour la ressource « nourriture ».

La règle d'or : ne jamais faire manger deux chiens ensemble dans un espace restreint et au sein d'une structure sociale complètement absente.

Le travail va consister ensuite, au travers de séances d'éducation, à **redonner confiance à Martine en la sociabilité et l'équilibre de ses chiens.** Cette bagarre ne les a pas rendus agressifs.

Nous mettons donc en place des petits jeux, y compris des jeux de « bagarre » individuels, au cours desquels les chiens se contrôlent très bien.

Beaucoup de promenades sont aussi organisées, pour permettre aux chiens et à Martine de se détendre.

CÔTÉ HUMAIN

Martine est très active. Elle travaille énormément et ne s'occupe pas beaucoup de ses chiens. Les dalmatiens ont pourtant besoin qu'on leur consacre énormément de temps. Quand elle rentre, leur humaine passe beaucoup de temps à leur faire des câlins pour rattraper le temps perdu. C'est l'occasion pour elle de trouver du réconfort, car elle a vécu plusieurs drames dans sa vie. Mais les chiens ressentent son mal-être sans être psychologues. Elle doit donc faire évoluer son approche pour qu'ils se sentent mieux et éviter de créer des bagarres. Je lui propose donc en parallèle de faire appel à l'EFT (technique de libération des émotions) et à la sophrologie.

Il est parfois difficile de faire vivre à nouveau ensemble des chiens qui se sont battus violemment, car le conditionnement peut subsister : quand ils se revoient, ils s'associent à quelque chose de négatif et la situation empire. Tout dépend de la cause du conflit, ainsi que de la capacité de résilience des chiens et de la famille.

POUR LIMITER LES RISQUES DE BAGARRE ENTRE CHIENS

• Assurez-vous que votre chien ait vécu près de sa maman et de ses frères et sœurs assez longtemps (3 mois minimum), dans un environnement libre. En effet, une séparation trop précoce et un manque de sociabilisation peuvent engendrer des problèmes de comportement.

• Faites rencontrer à votre chien un maximum de chiens différents et laissez-les jouer.

• Respectez la hiérarchie qui s'instaure entre eux.

• Sortez votre chien tous les jours : le sport diminue l'agressivité et les tensions.

• Entraînez vos chiens dès le plus jeune âge à partager les ressources en associant cela à du positif.

BILAN	
SITUATION	Les deux Dalmatiens de la maison se sont battus.
ORIGINE	Problème hiérarchique et relationnel.
EXPLICATIONS	• Les humains ne respectent pas les codes canins. • Les chiens vivent dans un espace trop restreint. • Ils ne sortent pas assez à l'extérieur du jardin. • La race ne correspond pas au mode de vie de la dame. • La dame a traversé des moments difficiles dans sa vie et transmet inconsciemment son mal-être aux chiens.
SOLUTIONS	• Respect des codes canins et humains. • Environnement plus adapté. • Augmentation du nombre de promenades. • Exercices liés à la nourriture. • Exercices de partage et d'approche positive de façon progressive si la dame décide de reprendre son deuxième chien. • Rendez-vous en EFT et sophrologie.

DESTRUCTIONS

ÉTUDE DE CAS N° 1

Julie, 24 ans / Roni, croisé Husky-Beauceron de 3 ans, qui détruit à chaque absence.

À peine entrée dans l'appartement où réside ce chien, je constate le désastre. Devant moi se trouvent une porte mangée de haut en bas, des plinthes arrachées, des livres dévorés, des poubelles éventrées et un reste de canapé. Ce chien détruit uniquement lorsque ses humains s'absentent. Depuis, ces derniers ont la hantise de rentrer chez eux. Cette situation éreintante crée des conflits au sein du couple.

PHASE D'OBSERVATION

Roni est un chien très sensible, qui ne peut rester seul sans détruire. Il souffre d'anxiété de séparation dont l'origine, dans son cas, est l'**hyperattachement** (il suit la personne, le nez collé au mollet, jusque dans les toilettes).

Attention à ne pas confondre « hyperattachement » et « anxiété de séparation ». **L'hyperattachement est un attachement trop important : votre chien vous suit partout.** Ce comportement peut évoluer vers de l'anxiété de séparation, mais pas obligatoirement.

Disputer un chien pour les bêtises liées à ce phénomène est inutile : c'est plus fort que lui, et on risquerait de renforcer son stress.

Roni, pourtant adulte, est toujours considéré comme un bébé par ses humains. Aussi, le processus de détachement n'a pas été fait. Pendant l'observation, j'aperçois également un chat dehors. Julie me signifie que c'est celui de la maison, mais qu'il ne rentre plus depuis l'arrivée du chien, car celui-ci le course constamment.

PHASE D'ACTION 1

Au cours du premier rendez-vous, nous ciblons le plan humain ainsi que le rôle de chacun à la maison.

On travaille l'attachement des membres du foyer envers leur chien grâce à la psychologie humaine, pour comprendre et faire évoluer leur conception et leur connaissance du chien. Ainsi, le mari de Julie, qui ne voulait pas de chien, se sent rejeté et deviendrait presque jaloux de Roni.

Même si le mari est moins investi, il est impératif d'établir un lien entre lui et Roni au travers de promenades ou de jeux, afin de rééquilibrer les relations. De cette manière, le chien sera moins « collé » à Julie et cela lui permettra de ne plus être anxieux lorsqu'elle n'est pas là.

Lorsque le chien a fait sa promenade, et qu'on lui a consacré du temps, il va tout simplement dormir. Julie et son mari vont alors profiter de ce moment et passer du temps ensemble, sans le chien.

En une semaine, ces actions vont provoquer un grand changement et une remise en question des personnes. En effet, en répartissant mieux les rôles et en structurant les temps consacrés à chacun, Julie et son mari commencent à retrouver une certaine sérénité. En parallèle, on peut également conseiller une thérapie de couple.

PHASE D'ACTION 2

Au cours du deuxième rendez-vous, les techniques d'apprentissage sont mises en place. Ce chien étant sensible, nous faisons quelques petits exercices très courts en respectant son tempérament. Par exemple, les membres de la famille sortent de la maison durant 10 secondes, 10 fois par jour. Il est important de cerner le seuil de tolérance. Un suivi a lieu toutes les semaines par téléphone pour faire évoluer l'exercice. **Il s'agit ici d'identifier le déclencheur du stress et de le banaliser.** Lorsque Julie se prépare à partir, elle réalise

CONSEILS ANTI-DESTRUCTIONS

Les chiens, comme n'importe quel être vivant, passent par différentes phases au cours de leurs journées : ils dorment, ils mangent et ils vaquent à leurs occupations. Si vous vous absentez alors que votre chien est en pleine phase d'activité, il va s'ennuyer et peut faire des dégâts.

- Arrangez-vous donc pour que votre chien ait envie de dormir lorsque vous partez : sortez-le et donnez-lui à manger avant.
- N'enfermez pas votre chien dans une cage, vous ne feriez que masquer les symptômes sans chercher à résoudre le problème de fond ! Votre chien devra de plus extérioriser son mal-être d'une autre manière et finira peut-être par se mutiler. Enfermer un chien alors qu'il manque de sorties, n'est-ce pas une véritable aberration ?

Dans la majorité des cas, un chien qui détruit est un chien qui manque de sorties en dehors du jardin et qui ne se dépense pas assez. Il n'est pas fatigué et s'ennuie.

un ensemble d'activités que le chien repère. Ainsi, il commence à stresser lorsqu'elle met ses chaussures. Julie va donc mettre et enlever ses chaussures plusieurs fois par jour, de plus en plus longuement, tout en donnant au chien quelque chose de positif pour lui, un jouet ou un aliment. Il est possible d'utiliser cet exercice pour travailler tous les déclencheurs du stress. Cependant, ce type de séance ne doit être mis en place que par un coach animalier et un travail de fond relationnel (phase d'action 1) doit être mené au préalable, dès le premier rendez-vous.

RÉSULTAT

Désormais, Roni se couche tranquillement dans son panier lorsqu'il voit ses humains se préparer pour partir. Pour lui, c'est le moment idéal pour dormir sereinement. Il s'est davantage attaché à son panier et cela lui permet de rester seul chez lui en se sentant en sécurité.

Ce chien n'était pas bien dans ses pattes depuis longtemps, et le couple a dû changer le mobilier plusieurs fois. En prenant le problème à temps, on évite à la fois du stress et de grosses dépenses. Et surtout, une prise en charge précoce permet une résolution plus rapide.

LE TÉMOIGNAGE DE JULIE

« Il a suffi de 2 séances pour que notre chien ne détruise plus. Nous avons appris à le comprendre. »

BILAN	
SITUATION	Le chien détruit lorsqu'il est seul.
ORIGINES	• Anxiété de séparation. • Le chien s'ennuie, il n'est pas assez fatigué, il stresse. • Julie est trop proche de son chien.
EXPLICATION	La destruction est l'expression de son mal-être.
SOLUTIONS	• Promenades et sport avant chaque départ et à chaque retour. • Proposition d'activités masticatoires (on laisse quelque chose à ronger), indispensables à tous les chiens. • Instauration de départs tous les jours à la même heure. • Remise en place de la structure sociale, avec une meilleure répartition du temps consacré à chacun. • Travail de la relation : Julie devra s'éloigner de son chien par moments, en distinguant bien les temps où elle s'occupe de lui de ceux où elle ne s'en occupe pas. • Exercices de départs de plus en plus longs, toujours de façon ritualisée, en utilisant le déclencheur du stress (ici, les chaussures). • On peut associer les départs à quelque chose d'agréable en proposant au chien de jouer avec lui avant chacun d'entre eux. • Le chien doit s'attacher à sa maison et à son panier pour pouvoir y rester seul plus facilement, tout en s'y sentant en sécurité. • Thérapie de couple.

ÉTUDE DE CAS Nº 2

Nicole, 45 ans / Donna, Beagle de 3 ans, destructrice et hyperactive.

On me contacte pour un Beagle qui détruit à longueur de journée, que les personnes soient présentes ou non. De plus, la chienne attrape et mordille assez fort les mains, les bras et les jambes, fait ses besoins partout, vocalise souvent et ne dort quasiment pas. Bien sûr, l'acquisition de l'obéissance est impossible. Ce n'est donc pas, encore une fois, avec l'éducation ou le dressage que l'on peut résoudre ce type de problèmes (voir p. 10 à 13).

PHASE D'OBSERVATION

Au cours des discussions, **il apparaît rapidement que Donna a été séparée trop tôt de sa mère.** Celle-ci était de plus beaucoup trop jeune pour avoir une portée, donc incompétente. Or les événements, même mineurs, des premières semaines de vie peuvent avoir des effets décisifs à long terme. Cela peut conduire à des comportements indésirables, d'où l'importance pour les futurs adoptants de connaître et vérifier les conditions d'élevage, de se rendre sur place, de poser des questions sur les parents et de voir ces derniers. Si on refuse de vous montrer les lieux, c'est qu'il y a peut-être des choses à cacher…
Ici, la **séparation trop précoce d'avec sa mère a développé chez Donna un syndrome d'hypersensibilité/hyperactivité.** Par ailleurs, j'observe que Nicole, survoltée en permanence au côté de sa chienne, la stimule beaucoup trop.

PHASE D'ACTION 1

Nous allons, dans un premier temps, limiter l'accès de Donna à certaines parties de la maison, afin de lui assurer un cadre plus sécurisant. Les jeux de tire-tire ou de bagarre sont également proscrits avec ce type de chiens : comme ils ne se contrôlent pas, il vaut mieux ne pas les faire monter en pression, car cela les rendrait facilement agressifs.
On met aussi en place différents changements pour une meilleure hygiène de vie : alimentation saine (pas de distribution de gâteaux en dehors des repas, activité de mastication) et la plus naturelle possible, beaucoup plus de sorties et de sport, etc. Il faut ici aider Donna à dépenser son énergie, mais pas de manière excessive non plus, car elle serait incapable de se canaliser ensuite.
Ce syndrome d'hypersensibilité/hyperactivité correspond au fait que le chien n'a pas été cadré par sa mère et/ou a reçu une stimulation excessive – souvent dans des élevages avec un grand nombre de chiens. Par la suite, l'individu continue de « partir dans tous les sens » sans pouvoir se canaliser. C'est aussi un signe d'anxiété.
Il faut également vérifier si des problèmes humains existent, car ils peuvent influencer le comportement de la chienne, qui est une véritable « éponge à émotions ». Or Nicole est elle-même hyperactive. Je l'aiguille donc vers un psychologue et conseille, comme souvent, l'EFT (Emotional Freedom Technique), une technique

LE TÉMOIGNAGE DE NICOLE

« Je suis auxiliaire-vétérinaire, et je pense m'y connaître un peu en chiens et en chevaux. J'ai un chien de 3 ans qui n'a pas du tout été facile à éduquer, hyperactif et dominant, et je remercie Camille qui m'a beaucoup aidée. Avec de la patience, on arrive à bout de tout ! »

« d'acupuncture avec les mains » qui libère les émotions. On peut également mettre en place des séances de sophrologie et de yoga, si elle le souhaite.

ATTENTION : **si vous réagissez à chaque comportement gênant, votre chien le perçoit et cela encourage son attitude.** L'objectif est d'apprendre à réagir de façon adaptée. Parfois, il n'y a pas d'autre choix que de répondre, mais quand cela est possible, il est préférable d'ignorer.

PHASE D'ACTION 2

Lors du deuxième rendez-vous, on approfondit les changements enregistrés depuis la séance précédente. On agit en outre sur la vie sociale, pour que la chienne puisse rencontrer plus de congénères – même à distance pour commencer, si nécessaire. Les membres de la famille, s'ils le souhaitent, peuvent compléter la prise en charge avec un traitement à base de fleurs de Bach ou de reiki (méthode de soins énergétiques) pour eux et l'animal. Mais en aucun cas je ne prescris quoi que ce soit ni ne touche à l'animal. Il suffit pour cela de contacter un vétérinaire et / ou un pharmacien.

RÉSULTAT

Donna s'est calmée au fil des mois : moins de destructions, moins d'agressivité, davantage de sorties et de calme. C'est une bonne évolution progressive.

CONSEIL

Veillez à toujours vérifier si la mère est bien présente auprès du chiot et si elle n'est ni trop jeune, ni trop âgée (entre 3 et 6 ans environ). Allez sur place, assurez-vous que les chiots ont un accès en liberté à l'extérieur et que l'élevage n'est pas trop grand, ou les chiens trop nombreux.

BILAN	
SITUATION	La chienne détruit et elle est hyperactive.
ORIGINES	• Syndrome HS-HA provoqué par la séparation trop précoce d'avec sa mère. • Son humaine est hyperactive.
EXPLICATIONS	• Les premiers mois de sa vie ont été difficiles. • Le chien est une éponge, il ressent le stress de ses humains.
SOLUTIONS	• Meilleure hygiène de vie (alimentation saine et sorties tous les jours). • Jeux de morsure interdits. • Calme et patience. • Suivi psychologique et EFT pour l'humaine. Des séances de sophrologie ou de yoga peuvent également être mises en place pour gérer les émotions et l'hyperactivité. • Fleurs de Bach et/ou reiki si souhaité pour gérer l'anxiété du chien et des humains.

ÉTUDE DE CAS Nº 3

Marie 40 ans / Jouky, West Highland White terrier de 2 ans, agressif vis-à-vis de l'autre Westie de la maison, Tac, 4 ans.

On me contacte pour un West Highland White Terrier qui agresse l'autre Westie de la maison,. Ce dernier vit mal la situation. De plus, Jouky détruit à longueur de journée et agresse tous les chiens.

PHASE D'OBSERVATION

Vivant seule avec ses deux chiens, Marie est très proche d'eux, et surtout très permissive. Jouky, le petit destructeur, la « mène en bateau » ; Tac, quant à lui, ne mange presque plus et semble apathique malgré une bonne santé confirmée par le vétérinaire. Depuis l'arrivée de Jouky, qui dirige et contrôle tout ce qu'il fait, s'approprie chaque jouet, etc., il ne va pas bien.

Les chiens sont des animaux sociaux, mais il semble que l'organisation sociale mêlée à la domestication, et donc la vie dans la promiscuité, engendre certaines problématiques et modifie les comportements de chacun, allant jusqu'à un mal-être permanent pour certains chiens vivant à deux.

Les problèmes de destructions sont courants et peuvent être dus à différents causes : les relations, le stress, la phobie de la solitude, etc. Tout cela doit être analysé au cas par cas pour en comprendre l'origine et trouver des solutions spécifiques.

PHASE D'ACTION

Il convient dans un premier temps de modifier la relation et de poser des limites à Jouky, qui joue au petit chef. Leur protectrice doit apprendre à lui dire non et à l'ignorer dans certains contextes. **Enfin, les règles doivent être les mêmes pour tout le monde et chacun doit rester à sa place.**

HABITUATION

Des exercices consistant à rester seuls vont avoir lieu toujours à la même heure, pour ritualiser les départs. Marie commence par quitter la maison (uniquement quand les chiens sont fatigués après une promenade) tous les jours à la même heure, pendant 2 semaines. Le temps d'absence est

VOTRE CHIEN DÉTRUIT LORSQU'IL EST SEUL ?

- Veillez bien à le fatiguer avant chacun de vos départs.
- Sortez-le quotidiennement en dehors du jardin.
- Habituez-le progressivement à être seul, en le laissant tous les jours à la même heure, sur une courte durée pour commencer.

ATTENTION À NE PAS CONFONDRE « DESTRUCTION » ET « ANXIÉTÉ DE SÉPARATION ». UN CHIEN QUI DÉTRUIT PEUT AVOIR UNIQUEMENT LA PHOBIE DE LA SOLITUDE, ET NON DE LA SÉPARATION.

LE TÉMOIGNAGE DE MARIE

« Mon petit Jouky est très obéissant, mais il a eu des problèmes de comportement. Grâce à Camille, j'ai compris que c'était à moi de me remettre en cause. Depuis, Jouky a fait beaucoup de progrès et ne détruit plus. C'est un pur bonheur d'avoir des petits chiens bien élevés ! »

ensuite augmenté progressivement. Par ailleurs, dès que Marie croise un chien, elle se place devant Jouky pour lui montrer qu'elle gère la situation, que ce n'est pas à lui de le faire.

SOLUTIONS COMPORTEMENTALES

Il s'agit d'associer chaque rencontre canine à quelque chose d'agréable pour que Jouky s'y accoutume en douceur. On peut commencer à donner de la nourriture de forte valeur au chien lorsqu'il peut voir un congénère à une certaine distance sans s'énerver. On réduit ensuite la distance progressivement, et on ne passe à l'étape suivante que lorsque le chien est content de voir l'autre individu se rapprocher. Une fois qu'il n'aboie plus du tout à proximité d'un autre chien, on commence à espacer les récompenses alimentaires, jusqu'à pouvoir les supprimer.

La relation déséquilibrée des chiens avec l'humaine est par ailleurs très influente. J'encourage donc la personne à partager des activités uniquement avec son premier chien, afin de renouer des liens avec lui.

RÉSULTATS

Jouky s'est finalement montré très réceptif : en 2 jours, il ne détruisait plus ; en 2 semaines, il n'agressait plus les autres chiens.

Tac ne déprime plus, il se sent mieux. Marie et ses chiens se retrouvent et recréent un lien de proximité et de confiance.

Nous avons également fait quelques séances d'éducation canine pour renforcer ce travail et socialiser Jouky.

BILAN	
SITUATION	Le Westie détruit. Il se montre par ailleurs agressif envers l'autre chien de la maison, et envers les chiens en général.
ORIGINE	Problème de cadre social et relationnel.
EXPLICATION	Le chien se prend pour le chef et fait sa loi.
SOLUTIONS	• Promenades en dehors du jardin, tous les jours, et sortie avant chaque départ. • Mise en place d'un cadre sécurisant. • Petits exercices d'habituation, en partant toujours à la même heure, et de plus en plus longtemps. • Éducation canine : possibilité d'organiser une séance où la personne en question pourra s'exercer à guider un groupe de chiens. Cela lui permettra de mieux comprendre comment gérer simultanément Jouky et Tac.

FUGUES

ÉTUDE DE CAS

Sandrine, 41 ans / Tino, Berger allemand, 3 ans, fugue tous les jours.

J'ai rencontré ce chien par hasard : il fit mine de se jeter sur ma voiture alors que je passais en roulant à côté de chez lui. En discutant avec sa « propriétaire », j'apprends que ce chien fugue durant quelques heures chaque jour ; elle a peur qu'il lui arrive quelque chose. Voyant dans notre rencontre un signe du destin, elle décide de prendre rendez-vous.

PHASE D'OBSERVATION

Il se trouve que **Sandrine a également peur de son chien parce qu'il grogne** à certains moments. **Cette peur l'empêche de satisfaire les besoins d'extérieur de son compagnon : elle ne le promène jamais.** Le chien passe par ailleurs beaucoup de temps en chenil. Enfin, Sandrine jette toujours la gamelle lorsqu'elle lui donne à manger, car elle est effrayée par Tino.
L'origine de cette peur doit être déterminée. Vient-elle du chien ? De Sandrine ?

PHASE D'ACTION

Sandrine et Tino doivent clairement reprendre confiance l'un en l'autre au travers de jeux, de différents exercices et de promenades. Il est possible de jouer avec son chien de différentes manières, en fonction de ce qu'il aime. En parallèle, **il est important de comprendre d'où viennent les peurs de Sandrine.** Je lui conseille donc de contacter un psychologue et de recourir au développement personnel afin qu'elle n'ait plus peur de son chien, car ce dernier est en mesure de percevoir et ressentir cette peur. Il est possible d'apprendre à la personne à gérer ses peurs au travers d'activités physiques plus extrêmes comme l'accrobranche. Nous avons d'ailleurs fait une séance !
Nous mettons en place les promenades : 2 fois par jour, puis 3 fois par jour. Les balades évoluent de façon progressive en fonction du chien : on change la durée, le lieu, avec ou sans voiture, etc. J'ai accompagné Sandrine dans toutes ces activités.
Lors des balades, **j'observe que le chien se lèche de moins en moins le museau : il est en train de dire à Sandrine que tout va bien.** Il cherche à s'apaiser et à l'apaiser. Il est un peu mal à l'aise lui aussi, car il n'est pas habitué. Cependant, cette promenade, comme les suivantes, se passeront bien.
Au fur et à mesure des semaines et du suivi, nous assistons à un renouveau. Sandrine a le sourire et me confie : « Tout ce temps perdu ! ».

Tino avait en fait perdu confiance en l'être humain. Il avait été battu une fois par l'ex-mari de Sandrine, puis envoyé durant un mois chez un dresseur aux méthodes finalement douteuses, d'où il était revenu très agressif. De ce fait, Sandrine l'avait enfermé, et dès que le chien en avait l'occasion, il fuguait. « Je rêvais alors d'avoir un chien pour faire de superbes balades, me dit-elle. Je pensais que c'était comme dans les films, facile et simple. »

POURQUOI VOTRE CHIEN FUGUE-T-IL ?

- **Il va dans un champ ? Il a besoin de chasser et de faire du sport ⇨ Instaurez davantage de promenades.**
- **Il va voir une copine chienne ? Le besoin de s'accoupler se fait sentir (dès l'âge de 8-9 mois). ⇨ Mettez en place plus de contacts avec des congénères lors des promenades ou en allant dans un club d'éducation canine, songez éventuellement à la castration.**
- **Il se promène autour de votre domicile ? Il a besoin de découvrir son territoire. ⇨ Davantage de promenades sont nécessaires.**
- **Il part longtemps et se rapproche des autres habitations ? Il s'éloigne de son domicile pour le fuir, le climat étant probablement trop lourd pour lui. ⇨ Faites appel à un psychologue, proposez des jeux à votre chien, etc.**

RÉSULTAT

Peu à peu, **Sandrine et Tino ont repris confiance l'un envers l'autre par l'intermédiaire de différents jeux, ainsi qu'en travaillant sur le développement personnel de Sandrine afin que cette dernière prenne de l'assurance** – elle a décidé de mettre en place un suivi par un psychologue pour ses peurs généralisées. Son enfance fut difficile : elle n'avait le droit de rien faire et était maltraitée par sa mère.

Mon suivi a duré 1 mois, à raison d'une séance par semaine, puis a été espacé à 1 fois par mois pendant 6 mois. Aujourd'hui, Sandrine a réalisé son rêve, elle se promène 3 fois par jour avec son chien, parfois durant de très longues balades. Bien entendu, Tino ne fugue plus et elle le touche à présent sans aucune crainte.

BILAN	
SITUATION	Le Berger allemand fugue.
ORIGINES	• Traumatisme humain. • Traumatisme du chien. • La personne a peur de son chien et ne le sort pas, donc il s'ennuie. • Le chien fuit un climat lourd
EXPLICATION	Le chien s'occupe en partant se promener seul pour assouvir ses besoins exploratoires naturels.
SOLUTIONS	• Sorties plusieurs fois par jour et jeux dans différents endroits pour renforcer la relation de confiance. • Développement personnel pour Sandrine, activités physiques plus extrêmes comme l'accrobranche pour apprendre à gérer ses peurs.

MALPROPRETÉ

✓ À RETENIR

- Nous proposons aux chiens une vie qui ne leur convient pas toujours.
- Ils font beaucoup d'efforts pour s'y adapter, à nous d'en faire autant pour les comprendre.
- Punir ou attacher un chien ne sert à rien.
- Votre animal observe constamment vos réactions à ses comportements. Si votre réaction lui convient, il reproduira le comportement.
- Vous êtes la seule occupation de votre chien, vous êtes toute sa vie !
- Prenons la nature en référence, nous sommes tous faits pour vivre avec elle, peu importe notre évolution.
- Veillez à toujours rester dans un système positif, afin de ne pas mettre le chien dans une situation où il devra utiliser des comportements indésirables.
- Si votre chien manque de patience dans certains contextes, pensez à l'occuper (par le jeu) plutôt que de le laisser s'énerver.
- Attention à la chaîne alimentaire et aux mélanges prédateurs/proies.

ÉTUDE DE CAS

Sylvie, 25 ans / Gaby, croisée Border Collie-Labrador de 2,5 ans, qui fait ses besoins dans la maison.

La chienne n'est pas propre. De plus, elle détruit et saute sur les gens.

PHASE D'OBSERVATION

Gaby n'a jamais appris à être propre. Sa famille la met dans le garage la nuit pour ne pas avoir à ramasser tous les matins ses excréments sur le carrelage. De plus, on lui a déjà mis le nez dans son urine. Enfin, ses humains la disputent quand elle leur saute dessus.

PHASE D'ACTION

On va apprendre la propreté à la chienne en la sortant toutes les heures durant une semaine, avant même qu'elle ait envie de faire ses besoins. Il faudra également la sortir le plus tard possible le soir, puis une fois dans la nuit et le plus tôt possible le matin. De cette façon, on reste dans une dynamique positive : le chien n'a plus l'occasion de faire ses besoins dans la maison. Lorsqu'il fait dehors, on peut le caresser, lui dire que c'est bien.

Il ne faut en revanche surtout pas lui mettre le nez dans son urine ou ses excréments ; cela stresse les chiens et empire ce comportement. On recommence plutôt l'apprentissage de la propreté.

Par ailleurs, **disputer un chien quand il vous saute dessus pour obtenir votre attention, c'est lui donner...**

LE TÉMOIGNAGE DE SYLVIE

« Notre chienne Gaby, de 2 ans et demi, n'était pas propre. Quand on la sortait pour faire ses besoins, elle en profitait surtout pour courir et regarder un peu partout, elle mangeait mes chaussures. Et quand nous recevions des personnes à notre domicile, elle sautait sans cesse sur eux. Nous ne pouvions même pas la caresser, elle nous sautait tout de suite dessus en nous mordillant les mains et les doigts. Ne sachant plus quoi faire et en ayant vraiment assez de subir tous ces désagréments, nous avons pris la décision de nous faire aider. Après 2 séances de comportement et 5 séances d'éducation, nous avons enfin trouvé le plaisir d'avoir notre Gaby. Nous avons repris confiance, nous avons appris à jouer avec elle et on s'amuse vraiment bien, elle est propre, elle ne nous saute plus dessus, on peut se faire de gros câlins, même notre entourage a remarqué les progrès et les différences… C'est une expérience géniale, à faire sans hésiter. Maintenant, je sais que Camille est également là pour nous accompagner avant, pendant et après l'arrivée d'un chiot, et à notre prochaine adoption, je ferai appel à elle. Il est important de savoir qu'il n'est jamais trop tard. »

de l'attention. Le chien a ce qu'il veut, et le comportement perdurera. **La seule solution est de l'ignorer.**
Un chien qui saute, fait le fou, tourne en rond et vous sollicite sans arrêt est un chien qui s'ennuie. Sa demande d'attention est donc justifiée. Dans ce cas, il est indispensable de le sortir fréquemment. **Plusieurs balades par jour sont obligatoires hors du jardin,** la taille de ce dernier important peu. On peut profiter de ces sorties pour lui apprendre de nouvelles consignes qui rendront les balades plus agréables encore.

RÉSULTAT

Aujourd'hui, **Gaby est devenue propre,** tout va beaucoup mieux.

BILAN	
SITUATION	La chienne n'est pas propre, détruit et saute sur les gens.
ORIGINES	• Absence d'apprentissage. • La chienne s'ennuie.
EXPLICATION	Certains de nos agissements encouragent des comportements qui pourtant nous déplaisent.
SOLUTIONS	• Sortir davantage le chien et au bon moment, ne pas lui laisser l'occasion de faire ses besoins dans la maison. • Ne pas réagir ni lui donner de l'attention (même pour le disputer) en cas de « bêtise », au risque d'encourager le comportement indésirable.

PEURS ET PHOBIES

ÉTUDE DE CAS N° 1

Claire, 48 ans / Volt, Berger blanc suisse de 1 an, très peureux.

Ce Berger blanc suisse ne se laisse approcher par personne et ne veut pas sortir du jardin. Il a même été impossible de le vacciner lors de son dernier rappel, car il s'est montré agressif avec le vétérinaire – d'où le recours à mes services.

PHASE D'OBSERVATION

Les Bergers blancs suisses sont souvent peureux avec les humains qu'ils ne connaissent pas. C'est génétique. De plus, Volt a été enfermé dans une pièce durant les premiers mois de sa vie avec ses frères et sœurs, sans jamais en sortir. **Ce début d'existence dans un milieu pauvre en stimulations a engendré ce qu'on appelle un « syndrome de privation sensorielle ».** **Le chien a peur de tous les changements.** Il n'est à l'aise que chez lui, dans sa zone de confort, et dans les lieux pauvres en stimulations. Chez Volt, ce syndrome a par ailleurs engendré, comme c'est souvent le cas, des comportements anxieux et phobiques – une autre évolution possible étant la dépression.

J'apprends également que le chien a tué une chèvre appartenant à la famille et court après les chats. **Il sera donc nécessaire de rétablir une bonne harmonie entre toutes les espèces** présentes au sein du foyer.

PHASE D'ACTION

Il va falloir recommencer à zéro l'apprentissage du monde, très progressivement, en respectant le seuil de tolérance du chien et grâce à des solutions comportementales.

HABITUATION

Plusieurs fois par jour mais sur une courte durée, on emmène Volt se promener dans des endroits de plus en plus fréquentés, sans le forcer, et en associant son comportement positif à du jeu – il aime plus le jeu que la nourriture.

La durée et le nombre d'exercices par jour sont calculés précisément en fonction de chaque chien et changent toutes les semaines selon son évolution. Nous commençons ici par 10 minutes, 4 fois par jour, sur un parking vide.

DÉSENSIBILISATION

Il s'agit de présenter l'animal à son déclencheur (l'élément qui lui fait peur) à un niveau au maximum égal à celui qu'il peut supporter, et ce de façon progressive. Par exemple, si l'individu a peur des araignées, on va le placer à une distance encore supportable pour lui. Puis on associera la présence de l'araignée à du jeu ou de la nourriture ; la distance avec l'individu sera réduite progressivement.

EXTINCTION DU COMPORTEMENT

Contrairement à ce que l'on entend souvent, on peut rassurer le chien face à un danger : il y a simplement un juste milieu à trouver.

LE TÉMOIGNAGE DE CLAIRE

« Volt, comme son nom le laisse présager, est un chien tonique. Nous l'avons eu à 4 mois. Il avait très peur des gens qui venaient à la maison. Surtout, il était complètement paniqué à l'extérieur, donc je ne le sortais plus, pensant l'aider. L'année dernière, lors de sa vaccination, nous avons été obligés de le maintenir. Cette année, il a refusé le vaccin en grognant, et le vétérinaire m'a recommandé de passer par Camille. Après quelques semaines de travail, il ne sursaute plus aux différents bruits et n'a plus peur des personnes qu'il aperçoit au loin, il n'est plus aux aguets. Il va beaucoup mieux. Merci Camille de m'avoir aidée à mieux le comprendre. »

CONTRE-CONDITIONNEMENT

On associe les endroits de stress à du positif, grâce au jeu préféré du chien, par exemple.

Par ailleurs, pour parvenir à une cohabitation avec la chèvre et les chats, on procède de la même manière. Dès l'arrivée de l'un ou l'autre, on attache et musèle le chien. On le tient en laisse et on lui interdit strictement de porter un regard sur la chèvre ou le chat. Au bout de plusieurs jours, lorsque le chien n'y fait plus attention, on peut enlever la muselière. Et on procède de la même manière quelque temps. Si le chien est vraiment trop intéressé, trop prédateur, on peut associer l'approche à un élément aversif, par exemple, en plaçant une clôture électrique avec une intensité adaptée autour de l'enclos des chèvres. Je n'utilise qu'en cas extrême cette technique, mais parfois il vaut mieux un « petit coup de jus » qu'un mort...

Il faut ainsi noter qu'avec certains chiens la cohabitation ne sera jamais possible.

Il n'est pas surprenant qu'un chien de la taille de Volt s'attaque à une chèvre. On en revient toujours à cette fameuse chaîne alimentaire, souvent ignorée par l'homme, qui cherche à faire cohabiter des prédateurs et leurs proies. Et si cela est possible, ce n'est pas naturel.

Nous en profitons pour penser à ces chèvres qui fuguent tout le temps, parfois vers les chiens... Nos champs et nos enclos sont beaucoup trop petits pour cet animal herbivore qui, à l'état sauvage, se déplace en permanence pour découvrir de nouvelles terres. Il suffit donc de combler ce manque pour éviter les fugues. On peut mettre en place un grand parc fait de labyrinthes. Si notre terrain est trop petit, il faut promener la chèvre pour reproduire ces déplacements. Comme on le fait pour les chiens ! On peut d'ailleurs en profiter pour faire partager une activité à la chèvre et au chien et créer un lien d'attachement entre les deux. On se retrouve avec un chien et une chèvre dont les besoins naturels et en dépense physique sont assouvis. Ils sont calmes et ne fuguent plus. Ils s'attachent l'un à l'autre. Le risque d'attaque est alors fortement réduit.

À RETENIR

- Votre amour et votre présence sont indispensables à l'épanouissement de votre chien, mais ne suffisent pas. Il faut aussi lui donner du temps, sinon il s'ennuie.
- Les chiens sont des chiens, et pourtant, on voudrait qu'ils n'en soient pas. Pourquoi ?

RÉSULTAT

Volt restera craintif toute sa vie mais l'intensité de sa peur à largement diminué. Il n'embête plus les autres animaux.

BILAN	
SITUATION	Le Berger blanc suisse est très peureux, Il a tué l'une des chèvres de sa famille et court après les chats.
ORIGINE	Syndrome de privation sensorielle.
EXPLICATION	Privé d'un développement correct, il ne sait pas comment réagir face à certains stimuli.
SOLUTIONS	• Faire découvrir le monde au chien de façon très progressive. • Créer une cohabitation harmonieuse avec toutes les espèces présentes. • Créer des liens d'attachement avec les chèvres lors de promenades. • Renforcer le lien humain-chien grâce aux balades et aux jeux.

ÉTUDE DE CAS Nº 2

Sophie, 27 ans / Juna, Cocker de 3 ans, qui a peur des étrangers.

Cette petite chienne est prise de panique quand sa famille accueille des invités : elle tremble et part se cacher, ce qui devient très pénible à vivre et ôte à ses humains toute envie de recevoir à la maison.

PHASE D'OBSERVATION

Juna a très bien compris que son état de panique attire l'attention et qu'on s'occupe alors d'elle. Son entourage veut la rassurer, mais peut encourager ses peurs en surjouant la scène.

PHASE D'ACTION

Un comportement qui n'obtient aucune réponse s'arrête spontanément. Si on accorde moins d'attention à la chienne quand elle panique, elle cessera de le faire. Il sera également nécessaire de la sortir davantage pour la détendre et pour qu'elle puisse voir des personnes au loin dans un milieu ouvert.

Je propose à la famille d'inviter une personne à la fois et lui demander d'ignorer complètement la chienne. Le but est d'apaiser cette dernière. On laissera Juna s'approcher progressivement des personnes sans jamais lui montrer d'intérêt.

L'étape suivante consiste à associer les étrangers à quelque chose de positif par le jeu. On peut par exemple demander à une personne d'apporter un jouet que Juna adore et de lui donner au moment de l'entrée dans la maison.

LE TÉMOIGNAGE DE SOPHIE

« Depuis 3 semaines que je connais Camille, tout va mieux. Avec des manières très douces, elle nous a déjà beaucoup aidés à comprendre notre petite chienne et à agir en fonction d'elle. »

BILAN	
SITUATION	La chienne a peur des étrangers.
ORIGINE	Ce chien est timide.
EXPLICATION	Certains comportements, qui se voulaient rassurants, ont pu amplifier le problème.
SOLUTION	Faire venir des invités et les associer à quelque chose de positif, de façon progressive, tout en utilisant les comportements d'apaisement.

ÉTUDE DE CAS N° 3

Isabelle 57 ans / Holly, 5 ans, qui ne veut pas quitter la chambre.

Cette petite chienne de Roumanie, sauvée de la maltraitance, est prostrée dans la chambre depuis 2 ans.

PHASE D'OBSERVATION

La famille a l'habitude de faire des sauvetages et d'autres chiens vivent ici. Mais même leur présence n'encourage pas Holly à sortir de son état de léthargie. En effet, l**a chienne ne bouge jamais, même pour manger ou boire.** Elle a d'ailleurs des difficultés à boire, tant **elle a peur de l'eau – elle a été pourchassée avec de l'eau bouillante** en Roumanie.

PHASE D'ACTION

Nous sommes ici face à un syndrome de privation sensorielle si avancé que je conseille un suivi vétérinaire avec traitement médicamenteux, afin que la chienne soit plus détendue et réceptive aux solutions qui s'imposent. **Il s'agit d'un stade 3 : dépression. C'est le stade le plus avancé.**

Le traitement mis en place, nous pouvons commencer les séances.

LE TÉMOIGNAGE D'ISABELLE

« Holly au lit, c'est (presque) fini. Petite Holly arrivée de Roumanie il y a un an et demi refusait de quitter « sa » chambre, excepté deux minutes le matin pour d'absolues nécessités. Elle a reçu la visite d'un psychiatre canin en avril dernier qui a diagnostiqué un syndrome de privation sensorielle de stade 3, imposant un traitement médicamenteux.
En complément, nous avons fait appel à Camille qui, après avoir entendu l'histoire de Holly, a confirmé le diagnostic. Puis, elle nous a demandé de déplacer doucement les couvertures et couettes du lit, et de nous asseoir comme elle en tournant le dos à Holly. Je parlais à ma chienne comme pour lui proposer de jouer. Et là, un vrai miracle : pour la première fois depuis son arrivée, Holly est descendue du lit en suivant les couvertures que Camille avait disposées pour tapisser le sol de la salle. Elle est venue se coucher à mes côtés et nous avons continué à discuter sans lui prêter attention. Au bout d'un instant, Holly est allée vers Camille et a flairé sa veste. Puis elle est revenue tranquillement se coucher près de moi.
Plus tard dans l'après-midi, alors que nous poursuivions notre discussion dans le salon qui est éloigné de la chambre, nous avons eu la surprise de voir Holly nous rejoindre, silencieuse, tête baissée mais bien présente. Elle s'est couchée sur le carrelage à mes pieds et y est restée un long moment. Je ne saurais décrire mon émotion lorsqu'elle est sortie de sa pièce-refuge, ses beaux yeux d'ambre pleins de questions, à la fois timide et déterminée, presque sereine. Sentiment irréel, mêlé de joie, de soulagement et de gratitude. Je fais désormais un chemin de couvertures menant de la chambre au salon en passant par l'entrée, que Holly suit pour venir se coucher près de moi, oreilles couchées, regard d'amour, sa petite patte tirant ma main si j'arrête de la caresser.
Merci à Camille, qui m'a donné une clé en or pour changer sa vie. »

PERCEPTION ET COMPORTEMENT

Les comportements sont des adaptations à un environnement qui ne convient pas au chien. Celles-ci dépendent de sa perception. Il suffit donc de modifier l'environnement pour que la perception du chien et les comportements qui en découlent changent à leur tour. Tout comportement a une utilité, qu'il faut comprendre. Sans cela, le « traitement de symptôme » n'a pas lieu d'être.

Notre premier objectif est de faire descendre la chienne du lit, sans l'obliger à sortir de la chambre. Nous essayons, en mettant toutes sortes de nourriture à sa disposition, ou encore des jouets, mais elle ne sait pas ce que c'est. On tente de nouveau en la poussant très légèrement, en la caressant : rien ne fonctionne. Et il s'agit de ne surtout pas la forcer.

Je demande alors à Isabelle si elle a déjà vu Holly contente ou remuer la queue, même quelques secondes. Elle répond que oui, uniquement lorsqu'elle change les draps : la housse bouge et elle a envie de l'attraper durant deux, trois secondes. Je prends alors la couette sur laquelle Holly est couchée et la déplace très légèrement vers moi. La chienne se lève, puis se recouche. Cette petite réaction est très encourageante. Nous bougeons la couette jusqu'à l'entrée de la chambre, elle suit. Nous restons alors avec elle sans chercher à aller plus loin. **Nous procéderons ainsi très progressivement, au fur et à mesure des semaines, jusqu'à parvenir au salon, puis jusqu'à ce que Holly puisse se promener seule et dans toutes les pièces.**

BILAN	
SITUATION	La chienne a peur de quitter la chambre.
ORIGINES	• Syndrome de privation sensorielle. • Traumatisme. • Violence.
EXPLICATIONS	• La chienne n'a rien connu, rien vu. • Elle n'était peut-être jamais rentrée dans une maison. • Elle s'est fait ébouillanter.
SOLUTIONS	• Instaurer un suivi vétérinaire pour traiter la dépression liée au syndrome de privation sensorielle. • Trouver quelque chose qui lui plaît et la motive. • Procéder de façon très progressive. • Ne jamais forcer ni brusquer la chienne.

UN 6e SENS ?

Certains phénomènes, pourtant visibles, demeurent inexpliqués. Sans preuve scientifique, notre esprit cartésien, qui a perdu de son animalité, peine à s'ouvrir pouressayer de les comprendre. Pourtant, les animaux tententd'exprimer leurs pensées sans langage, à travers une communication intuitive : la télépathie.

ÉTUDE DE CAS N° 1

Gilles et Laurence, 42 et 45 ans / Sigji, Dogue de Bordeaux de 11 mois, qui détruit.

La jeune chienne détruit tout dès qu'elle se retrouve seule, même s'il y a quelqu'un dans la pièce voisine.

PHASE D'OBSERVATION

Il apparaît que **Sigji a commencé à stresser à la naissance du bébé** de la famille, trois mois plus tôt. Dès que Laurence s'occupe de son enfant dans une autre pièce, **la chienne montre des signes d'anxiété et de jalousie.** Elle se positionne systématiquement entre l'enfant et la mère, même pour se coucher : elle s'interpose dans la relation.

PHASE D'ACTION

Il va falloir réorganiser les permissions que l'on accorde au chien au sein de la maison.

HABITUATION

On met en place des **exercices de départs et d'arrivées,** le plus de fois possible dans la journée , mais toujours sur une faible intensité. **On augmente également les sorties** : avant et après chaque départ, le chien se promène et se dépense.

Au bout de quelques semaines, la situation s'améliore, mais il demeure quelques problèmes de destruction le matin, lorsque la maman s'occupe du bébé.

J'analyse alors la relation mère-enfant plus attentivement et constate que **la maman est angoissée vis-à-vis de tout ce qui peut arriver à son bébé** ; elle est dans l'hyperprotection. C'est à cela que la chienne s'adapte. Je conseille donc à la maman de travailler sur sa relation avec son enfant. **C'est le moment pour elle de changer, grâce à son chien, afin d'accéder à un mieux-être général**. On peut faire évoluer cette relation grâce à un psychologue, à l'EFT (technique de libération émotionnelle) et aux fleurs de Bach, par exemple. Une fois ce problème résolu, le chien modifiera ses comportements. Pour rééquilibrer les relations, il est également important que le père partage plus d'activités avec son enfant.

RÉSULTAT

Sigji a créé un vrai lien avec le bébé, et la mère a continué le travail au fil du temps.

BILAN	
SITUATION	La Dogue de Bordeaux détruit lorsqu'elle est seule.
ORIGINE	La mère est hyperprotectrice avec son enfant.
EXPLICATION	La chienne le ressent et réagit ainsi lorsque la mère s'occupe du bébé.
SOLUTIONS	• Mise en place d'un cadre sécurisant. • Exercices d'habituation. • Développement personnel (psychologue, EFT, fleurs de Bach) pour la mère, qui doit travailler sur sa relation avec son enfant. • Activités (baby-sport par exemple) à partager entre le père et l'enfant pour permettre à la maman de prendre un peu de distance avec son bébé et rééquilibrer les relations.

ÉTUDE DE CAS N° 2

Christophe, 35 ans / Bella, Berger belge malinois de 7 mois, agressive avec les étrangers et destructrice.

La chienne aboie et se montre agressive vis-à-vis des voitures et des personnes qu'elle croise dans la rue. Elle détruit aussi le canapé et fait des trous dans le jardin quand sa famille d'adoption n'est pas là.

PHASE D'OBSERVATION

Bella a été élevée dans un endroit clos et n'a pas pu évoluer avec les stimuli dont elle avait besoin. Cela a provoqué un **syndrome de privation sensorielle.** Aujourd'hui, la chienne a du mal à contrôler ses émotions et apporte une réponse démesurée au moindre stimulus. De plus, **elle est hypersensible.** Elle produit donc des mictions émotionnelles (« pipis d'émotion ») à la moindre stimulation.
Bella est également très proche de ses humains. **Cet hyperattachement a créé ici une anxiété de séparation.** La chienne ne supporte pas de se retrouver seule. Elle angoisse et détruit.

PHASE D'ACTION

Nous mettons en place des solutions comportementales pour travailler ce syndrome de privation sensorielle.

HABITUATION ET DÉSENSIBILISATION

Exercices de faux départs (absences de quelques instants seulement) plusieurs fois par jour en respectant le seuil de tolérance du chien et avec augmentation progressive, pendant plusieurs semaines.

EXTINCTION DU COMPORTEMENT

L'objectif est de **diminuer les moments d'excitation** tels que le départ et l'arrivée des propriétaires. On aide la chienne en lui montrant ce qu'elle doit faire (par exemple ignorer la personne qui passe). Lors des départs, on dit simplement : « À tout à l'heure ».

CONTRE-CONDITIONNEMENT

On détourne l'attention de Bella avec quelque chose qu'elle aime bien, un jouet par exemple, **lorsque l'on croise une voiture ou une personne.**

On procèdera aussi à une réorganisation de la structure sociale et à un **rééquilibrage des relations**.

Il convient également de gérer l'anxiété de séparation. **La chienne s'ennuie et ne sort pas suffisamment : on augmente donc les sorties** et surtout, on instaure avant chaque départ balade, vélo, footing, etc.

Si la situation évolue dans le bon sens (Bella n'agresse plus les voitures et ne détruit plus), l'agressivité envers les étrangers perdure alors que tout est mis en place pour que cela s'arrange, via des exercices à l'extérieur en présence de stimuli de plus en plus importants.

Je pose alors d'autres questions à **Christophe**, qui finit par m'avouer qu'il **est agoraphobe**. Or, sa chienne, hypersensible et hyperattachée à lui, est une véritable « éponge ». **Elle a développé le même problème que l'homme**, « pensant » que son ressenti était réel et justifié. Je préconise donc que l'humain gère d'abord son trouble, avec l'aide d'un psychologue et, pourquoi pas, le recours à l'hypnose.

RÉSULTAT

Bella continue d'évoluer positivement, en parallèle de son humain.

BILAN	
SITUATION	La chienne est agressive vis-à-vis des étrangers et détruit.
ORIGINES	• Syndrome de privation sensorielle. • Hypersensibilité. • Hyperattachement. • Anxiété de séparation. • Agoraphobie du « propriétaire ». • Manque de sorties.
EXPLICATION	En plus de ses problèmes, la chienne hypersensible a capté le problème de son humain.
SOLUTIONS	• Solutions comportementales adaptées à la gestion du syndrome de privation sensorielle. • Rééquilibrage relationnel. • Suivi psychologique et hypnose pour l'humain.

ÉTUDE DE CAS N° 3

Isabelle, 49 ans / Mougli, Berger australien de 3 ans, agressif vis-à-vis des étrangers et ses congénères.

Le Berger australien pince les étrangers chez lui et dans la rue ; il est également agressif avec les autres chiens. De plus, il ne supporte pas qu'un être humain ou un chien s'approche d'Isabelle.

PHASE D'OBSERVATION

Je comprends que Mougli est en réalité en situation d'hyperprotection depuis l'âge de 4 mois. J'apprends également au fil de la séance qu'**Isabelle a un cancer.**

PHASE D'ACTION

Le chien surprotège la personne parce qu'il perçoit qu'elle est malade. On va donc travailler sur la relation et **changer la structure sociale**. Grâce au partage de diverses activités, le chien va **reprendre confiance en sa famille.**

Il est également intéressant de donner des **fleurs de Bach** à un tel chien, « éponge » et hypersensible.
Enfin, on peut **associer la présence des étrangers, chiens et humains, à quelque chose de positif** pour le chien, en partageant une promenade par exemple.

RÉSULTAT

Mougli va beaucoup mieux ; il soutient toujours son humaine.

BILAN	
SITUATION	Le Berger australien est agressif lorsqu'on s'approche de sa « propriétaire ».
ORIGINE	Isabelle a un cancer.
EXPLICATION	Le chien perçoit la maladie et est hyperprotecteur.
SOLUTIONS	• Travail relationnel et partage d'activités avec le reste de la famille. • Partage d'activités positives entre la dame, son chien et un autre chien, de façon progressive et adaptée. • Fleurs de Bach pour traiter l'hypersensibilité du chien.

ÉTUDE DE CAS N° 4

Jacqueline, 43 ans / Pyjama, Shih tzu de 6 ans, qui mord.

La chienne est très agressive vis-à-vis de plusieurs membres de la famille et des personnes étrangères. Elle mord les mollets et aboie.

PHASE D'OBSERVATION

Je note que **Pyjama mord lorsqu'elle veut empêcher quelqu'un d'accéder au réfrigérateur, car elle entend le bruit des glaçons, qu'elle associe au lever de son humaine.** Ainsi, quand Jacqueline se lève, elle se précipite sur ses mollets pour la mordre. En fait, **Pyjama ne veut pas qu'elle se déplace car, pendant ce temps, elle ne s'occupe plus d'elle.** Elle mord particulièrement Jacqueline, car cette dernière **cède tout à sa chienne,** qu'elle considère vraiment comme son bébé, son chouchou. **Elle délaisse même ses enfants, qui expriment de la jalousie vis-à-vis de Pyjama.** La chienne grogne également lorsque les personnes veulent sortir de la maison et aboie lorsqu'elles se déplacent au sein du domicile. **Pyjama veut contrôler.**

PHASE D'ACTION

Nous devons d'abord modifier la relation entre la mère de famille et Pyjama. Qu'est-ce qui lui fait penser qu'un chien a besoin de tout cela ? En évoquant ce sujet, la famille entière se met à pleurer. Jacqueline a en réalité manqué d'amour étant jeune et ses enfants se plaignent qu'elle en donne aujourd'hui davantage au chien qu'à eux.
Peu à peu, le dialogue se rétablit entre les parents et les enfants.
On met en place avec un professionnel une thérapie familiale, où chacun pourra exprimer ce qu'il a sur le cœur, et une thérapie pour la mère. On organise des sorties à la patinoire, pour aider Jacqueline à remettre Pyjama à sa place de chien, sans difficulté, et resserrer les liens avec les membres de sa famille.

RÉSULTAT

La famille se porte bien mieux et Pyjama laisse son humaine accéder au réfrigérateur !

BILAN	
SITUATION	La Shih tsu est agressive.
ORIGINE	Elle veut tout contrôler et que Jacqueline ne s'occupe que d'elle.
EXPLICATIONS	• Elle est le centre de l'attention de Jacqueline, qui n'a d'yeux que pour elle. • Cette dame a une relation excessive avec son chien parce qu'elle a manqué d'amour lorsqu'elle était enfant ; elle se sert de son chien en soutien.
SOLUTIONS	• Instaurer un nouveau cadre de vie dans la maison. • Réaliser un travail relationnel avec tous les membres de la famille. • Mettre en place un suivi pour résoudre les traumatismes d'enfance de Jacqueline.

ÉTUDE DE CAS N° 5

Céline 25 ans / Jump, Boxer de 14 mois, agressif vis-à-vis des étrangers et des autres chiens.

Jump est agressif vis-à-vis des personnes qu'il croise dans la rue lorsqu'il se promène avec Céline. Il ne l'est pas lorsqu'il sort avec le compagnon de cette dernière.

PHASE D'OBSERVATION

Céline se comporte avec son chien comme si c'était son enfant. Elle le protège beaucoup, est tout le temps derrière lui et se montre toujours prête à satisfaire ses besoins dans l'instant, depuis qu'il est chiot. **Le chien, quant à lui, la suit partout.** En promenade, apercevoir un être humain ou un chien le met hors de lui. Céline agit de la même manière avec son chat et ses enfants. Et de fait, on peut aussi observer des comportements indésirables chez eux. Attention, si cela n'induit pas de problèmes de comportement, il n'est pas dérangeant de considérer son animal comme son enfant !

PHASE D'ACTION

Cette relation fusionnelle qu'entretiennent Céline et Jump influence le comportement de ce dernier. Il est si proche de Céline qu'il ressent tout ce qu'elle ressent. **Céline, quant à elle, m'avoue qu'elle déteste les êtres humains, qu'elle se sent mal en leur présence. Elle me confie également souffrir de troubles obsessionnels compulsifs et d'agoraphobie.** Or, dans beaucoup de cas, **si l'humain est agoraphobe, le chien le sera aussi.** Il s'agit d'abord de conseiller Céline pour régler ce problème de peurs.
Ensuite, nous pourrons travailler sur la relation chien-humain, afin de **faire en sorte que Céline ne considère plus son chien comme un enfant humain.** Tout d'abord, parce qu'il n'est pas un humain, mais surtout parce qu'il est grand. Quand je lui demande s'il est difficile d'accepter le fait que son chien n'est plus un enfant, elle fond en larmes et me parle d'un traumatisme vécu. À l'âge de 16 ans, elle est tombée enceinte et **sa mère l'a forcée à avorter**. Céline le regrette encore aujourd'hui et en veut profondément à sa mère. Ce choc émotionnel très lourd peut expliquer qu'elle recherche chez son chien son enfant perdu.
Un suivi psychologique pour Céline est à mettre en place. Il est également possible d'organiser une médiation avec sa mère, en présence d'un spécialiste, pour que chacune puisse exprimer ce qu'elle a sur le cœur.
Ensuite, **nous programmerons des exercices de désensibilisation et de contre-conditionnement pour permettre au chien d'apprendre à rester calme face aux personnes et chiens étrangers.**

RÉSULTAT

Jump évoluera favorablement au fil du temps avec Céline.

BILAN	
SITUATION	Le Boxer est agressif avec les étrangers et les autres chiens.
ORIGINE	Troubles psychologiques de son humaine consécutifs à un traumatisme.
EXPLICATIONS	• Une relation fusionnelle permet le transfert énergétique et émotionnel entre deux individus. • Le chien, les enfants et le chat ressentent tout ce que Céline ressent.
SOLUTIONS	• Détachement et modification de la relation. • Suivi psychologique pour Céline. • Médiation mère-fille. • Désensibilisation et contre-conditionnement pour permettre au chien d'apprendre à rester calme face aux personnes et chiens étrangers.

ÉTUDE DE CAS Nº 6

Arnaud, 38 ans / Flash, Setter anglais de 4 ans, qui n'est pas propre.

Le chien vit au sein d'une famille de cinq personnes, dont trois enfants. Il fait ses besoins à l'intérieur du domicile durant la nuit.

PHASE D'OBSERVATION

Flash, qui stresse énormément, ne dort pas la nuit. Il est très maigre car, malgré une bonne santé confirmée par un vétérinaire, **il mange peu. Il ne joue pas et garde une attitude prostrée.** Pourtant, lorsque la famille le laisse quelque temps chez des amis qui ont aussi un chien, les deux congénères jouent toute la journée. Là-bas, il mange également très bien et ne fait jamais ses besoins la nuit dans la maison. Nous sommes donc face à un cas de dépression contextuelle. Mais quelle en est la cause ? Je finis par demander si **quelqu'un dans la famille souffre d'anxiété, de dépression.** La réponse est oui. Le premier fils connaît des angoisses depuis sa naissance ; il est suivi par un psychologue. Le deuxième fils présente des troubles du comportement, il est agressif et déprimé. **Le chien, connecté à tous les membres de la famille, déprime également. C'est une « éponge » à émotions.**

PHASE D'ACTION

J'ai noté que le chien dort au milieu du salon. Or, les enfants l'empêchent de se reposer, ce qui génère du stress. On commence donc par **procurer à Flash un lieu de repos tranquille où il ne peut être dérangé.** Parallèlement, **on augmente les sorties.** On multiplie également les jeux avec d'autres chiens.

Les solutions résident également en une thérapie familiale. Cette famille étant nombreuse, il est important et nécessaire d'organiser des activités pour que ses membres puissent passer du temps ensemble.

RÉSULTAT

Flash est détendu et propre, mais il continue de stresser de temps à autre quand un membre de sa famille ne va pas bien. Comme tous les animaux, c'est un excellent baromètre.

BILAN	
SITUATION	Le Setter n'est pas propre et reste prostré.
ORIGINE	Stress et dépression contextuelle.
EXPLICATIONS	• Le chien stresse parce qu'il s'ennuie, ne sort pas assez et n'a pas de coin tranquille à lui. • Il ressent tous les problèmes familiaux.
SOLUTIONS	• Augmentation des jeux et sorties. • Traitement de la dépression et des troubles psychologiques des enfants. • Thérapie familiale via un professionnel, avec fleurs de Bach et EFT en complément.

ÉTUDE DE CAS Nº 7

Monique, 75 ans / Lion, Spitz de 4 ans, qui hurle à la mort tous les soirs.

Le chien vit seul avec sa propriétaire. Le mari de cette dernière est décédé et depuis, Lion a déclaré un cancer de la peau – cette même maladie qui a emporté son humain. Il hurle à la mort tous les soirs.

PHASE D'OBSERVATION

Les hurlements ont lieu aux environs de 20 heures. Or, c'est **l'heure à laquelle est mort le mari de Monique** quelques semaines auparavant. **Ces hurlements expriment ainsi une grande angoisse.** Mais ils durent de plus en plus longtemps et les voisins pourraient bientôt perdre patience.

PHASE D'ACTION

CÔTÉ CHIEN

Je conseille à Monique de masser son chien et de jouer avec lui. Il faut également réassocier le soir à quelque chose de positif. Bien entendu, le cancer de Lion sera suivi par un vétérinaire.

CÔTÉ HUMAIN

L'objectif est d'aider Monique à faire son deuil et à gérer ses angoisses, car le chien ressent qu'elle ne va pas bien. Le malaise de son humaine est intense le soir, le chien le perçoit et l'exprime en hurlant.

FUSIONNELS POUR TOUJOURS ?

Un chien peut rester fusionnel avec son protecteur, même après le décès de celui-ci. Cela peut expliquer le désir inconscient de mourir de la même façon. Le choc énergétique occasionné par le décès a libéré des toxines qui se sont fixées sur l'organe le plus faible, ici la peau, de façon à rester inconsciemment en interaction avec lui. Le corps rentre alors dans un processus d'autodestruction. Nous verrons à la fin de ce chapitre que quand deux êtres vivants sont unis par un lien très fort, il est possible que les cellules restent en contact, même à distance.

BILAN	
SITUATION	Le chien hurle à la mort.
ORIGINE	Il est angoissé.
EXPLICATION	Il est impacté par le décès de son humain et ressent la peine de Monique.
SOLUTIONS	• Association du soir à des éléments positifs. • Suivi vétérinaire du cancer du chien. • Gestion de l'angoisse de Monique.

ÉTUDE DE CAS N° 8

Jean et Annabelle, 47 et 51 ans / Pitou, Labrador de 7 ans, qui refuse de monter en voiture.

Le chien ne veut pas monter en voiture. Lorsqu'on le force, il pleure, stresse et salive.

PHASE D'OBSERVATION

Pitou a déjà connu plusieurs familles. Dans la précédente, il n'agissait pas de cette façon. C'est depuis qu'il a été adopté par Jean et Annabelle qu'il refuse de monter dans le véhicule et angoisse rien qu'à cette idée. Il n'a pas eu de problème, accident ou autre, qui pourrait expliquer cette phobie. En revanche, j'apprends au fil de l'entretien qu'**Annabelle a eu un grave accident de voiture qui l'a traumatisée** – elle pleure en l'évoquant.

PHASE D'ACTION

Le chien ressent le traumatisme d'Annabelle. **Les comportements et l'énergie de celle-ci sont captés par le chien**, qui pense désormais qu'il existe un danger réel autour de la voiture, dont il faut se protéger. Je conseille à Annabelle de s'orienter vers un psychologue ou de s'aider de la méthode EFT (technique de libération des émotions). Une procédure doit aussi être mise en place pour le chien, afin de **réassocier la voiture à quelque chose de plus plaisant**. Pourquoi ne pas y monter un peu tous les jours pour aller en promenade ?

UNE QUESTION D'ÉNERGIE

En tant que coach comportementaliste, traiter et analyser les comportements de ce qui vit sans tenir compte du concept énergétique reviendrait en réalité à traiter le vivant comme de la matière morte.

BILAN	
SITUATION	Le chien refuse de monter dans la voiture..
ORIGINE	Traumatisme lié à un accident qu'à vécu Annabelle.
EXPLICATION	Pitou est angoissé par la voiture ; il ressent la peur de son humaine.
SOLUTIONS	• Association de la voiture à quelque chose de positif. • Gestion du traumatisme d'Annabelle.

UN LIEN INVISIBLE ?

Dans son livre *Les Pouvoirs inexpliqués des animaux*, le célèbre biologiste Rupert Sheldrake a étudié le **phénomène de communication télépathique entre les animaux et les humains.** Il démontre notamment l'existence d'un lien invisible unissant la planète et tous ses habitants. Nous sommes inconsciemment reliés les uns aux autres par les énergies ou les vibrations, et c'est ce champ, appelé « champ morphique », qui rend possible la communication télépathique. Comme on l'a vu ci-dessus, plus l'attachement entre deux individus est fort, plus les possibilités d'échanges télépathiques sont grandes. Cependant, nous transférons également constamment des informations d'une personne à une autre à un niveau inconscient, même si nous ne sommes pas particulièrement attachés à ces personnes.

Ces phénomènes ont longtemps été considérés comme paranormaux. Mais l'une des théories de la physique quantique affirme que si les opportunités sont adéquates, pratiquement rien n'est impossible. Et grâce aux animaux, de plus en plus de gens commencent à comprendre le sens de l'énergie malgré notre culture parfois limitante.

CONCLUSION

Le chien, par ses comportements indésirables, est en réalité un révélateur de nos propres problèmes. Il nous permet d'en prendre conscience et d'entamer un processus de développement personnel. Il est donc nécessaire d'apprendre à connaître son chien pour mieux se connaître.

Comprendre son chien permet également d'étendre ces nouvelles connaissances à l'ensemble du monde vivant et de prendre en considération sa sensibilité pour s'opposer à la discrimination arbitraire, et ce afin que les animaux soient enfin traités comme des êtres indépendants.

L'être humain gagnerait à apprendre à communiquer autrement qu'avec le langage parlé et à percevoir de nouveau l'intelligence, la sensibilité et les émotions des animaux. Ainsi, il pourrait prendre le contrôle de ses actes pour agir avec douceur et empathie envers tous les êtres vivants.

Dans son livre *Les Âmes blessées,* Boris Cyrulnik relate un travail qui a associé des vétérinaires et des psychiatres. Au sein d'une famille, un chien a été acheté en urgence pour remplacer celui qui venait de mourir. Il souffre d'incontinence sphinctérienne et de troubles du développement. Son rôle est de remplacer l'autre chien pour permettre à la famille de ne pas souffrir.

VOTRE CHIEN EST-IL UNE « ÉPONGE » ?

VOUS VOULEZ SOIGNER VOTRE ANIMAL

- **Comportement d'un « chien éponge » : il perçoit votre intention avant même que vous n'ayez sorti le matériel et fuit parce qu'il a peur, comme les enfants sont souvent effrayés par le médecin ou le dentiste.**
- **Comportement d'un chien moins sensible : il ne perçoit votre intention que lorsque vous apportez le nécessaire.**

VOUS ÊTES STRESSÉ

- **Comportement d'un « chien éponge » : il stresse lui aussi et adopte des comportements correspondant à ce stress.**
- **Comportement d'un chien moins sensible : il ne change de comportement que si votre stress se prolonge.**

C’est un environnement incohérent, où les ondes vibratoires ne sont pas sur la même fréquence. **Un manque d’alignement entre les comportements, les émotions et la biologie de chacun, est la source de ces problèmes de santé.** Finalement, le chien est mort.

Gardez en tête que le chien communique différemment et utilise, entre autres, les énergies. Lorsque vous demandez quelque chose au vôtre, vous êtes l’émetteur. Pour que le récepteur (votre chien) puisse capter au mieux, il faut que vous soyez tous deux sur la même longueur d’onde.

PETIT PRÉCIS D'ÉDU-CATION CANINE

PETIT PRÉCIS
D'ÉDUCATION CANINE

« NOUS CONFONDONS NOTRE IDIOTIE AVEC DE L'INTELLIGENCE DEPUIS QUE LES ANIMAUX FEIGNENT D'ÊTRE BÊTES. »

PHILIPPE JAFFEUX, *COURANTS BLANCS*, 2014, ATELIER DE L'AGNEAU ÉDITEUR.

INVENTAIRE DES IDÉES REÇUES

LE GOÛT DU SANG

Votre chien fait partie de la même famille que le loup : c'est un carnivore. La prédation – qui a pour but d'assurer la survie de l'espèce – est donc normale chez nos chiens domestiqués, même si elle reste source d'un grand stress pour nous, humains. **Accepter le fait que notre compagnon soit un prédateur n'est pas facile car cela ne correspond pas à notre vision du chien, avec qui on fait des câlins à la maison.**

Le chien peut manger des poules, des rongeurs, des lapins, des chevreuils, des moutons, bref tout ce que mange le loup. **Certains individus sont plus prédateurs que d'autres, en fonction de leur race ou de leur personnalité.**

Cependant, **un chien qui a « goûté au sang » ne va pas devenir plus agressif envers l'homme et les animaux.** Sans compter que manger de la viande n'a jamais fait de quiconque un tueur en série, y compris chez l'être humain. En revanche, la volonté de tuer a pu disparaître chez certains chiens avec la domestication.

On peut diminuer les attaques sur les autres espèces en sociabilisant le chien dès son plus jeune âge. Ainsi, s'il a connu des chats étant petit, il devrait moins les chasser une fois adulte, puisqu'ils font désormais partie de son répertoire « famille » et non de celui des « proies ».

LE PALAIS NOIR

Est-ce la marque des chiens méchants ? Non, **ce n'est qu'une pigmentation de la peau.** Quand votre épiderme est bronzé, devenez-vous agressif ?

SI ON NE SORT JAMAIS SON CHIEN, LES PROMENADES NE DEVIENDRONT NI OBLIGATOIRES NI COUTUMIÈRES ET IL NE SERA DONC PAS TENTÉ DE FUGUER.

Au contraire, un chien a besoin de sortir quoi qu'il arrive. Si vous ne l'y invitez pas, il va être contraint de le faire tout seul et de s'adapter au moyen de comportements indésirables. Certaines personnes dissimulent leur paresse derrière quelques idées reçues qui les arrangent bien. **Même si vous possédez un grand terrain, vous avez besoin d'en sortir, et votre chien aussi.** Votre jardin n'est pour lui au mieux qu'une grande litière.

ON NE PEUT PLUS ÉDUQUER UN CHIEN S'IL EST TROP VIEUX.

C'est totalement faux. Comme vous, votre chien peut apprendre à tout âge. Parfois, l'apprentissage est même plus rapide que chez un chiot, puisque le chien est davantage mature.

UN CHIEN DOIT TOUJOURS MARCHER DU MÊME CÔTÉ.

Il n'y a pas de côté particulier à respecter : le chien n'est pas un robot et il est capable de s'adapter. Vous choisirez naturellement votre place et la sienne en fonction du contexte environnemental. Ainsi, si un autre chien passe à droite, vous placerez le votre à gauche, afin de vous trouver entre les deux pour plus de sécurité.

POUR PUNIR SON CHIEN, IL FAUT L'ENFERMER DANS LE NOIR.

Cette punition obsolète ne sera qu'un traumatisme supplémentaire pour le chien. Est-ce ainsi que les animaux se punissent dans la nature ? Seul un éloignement temporaire est tolérable. Dans un environnement naturel, en groupe, on est plus fort, et les animaux vivant en société le savent bien. Lorsqu'un individu transgresse les règles, il peut arriver qu'il soit mis à l'écart du groupe volontairement pendant un certain temps.

UN CHIEN QUI A ÉTÉ MORDU PAR UN CONGÉNÈRE ET QUI DEVIENT AGRESSIF À SON TOUR DOIT ÊTRE PLACÉ FACE À D'AUTRES CHIENS D'UN SEUL COUP.

C'est faux ! Si vous avez peur de l'eau, trouveriez-vous normal que l'on vous pousse dedans ? Non, l'apprentissage doit être progressif.

IL FAUT ENLEVER LA GAMELLE D'EAU AU CHIEN LA NUIT POUR QU'IL SOIT PROPRE.

Cette croyance bien ancrée n'a aucun sens. Un chien doit avoir accès à sa gamelle d'eau en permanence. Cette idée reçue peut avoir des conséquences désastreuses tant sur le plan psychologique que physiologique. La sensation de soif survient en effet lorsque le corps est déjà déshydraté : c'est un signal

d'alarme qui signifie qu'il faut boire le plus rapidement possible pour éviter les répercussions sur l'organisme. Sans parler de l'inconfort que l'on peut ressentir lorsqu'on ne peut étancher sa soif.
D'autre part, beaucoup de chiens mangent des croquettes, c'est-à-dire des aliments déshydratés. Le corps ne peut donc puiser l'eau dont il a besoin dans ce type d'alimentation.
De plus, **enlever la gamelle d'eau ne joue pas sur l'apprentissage de la propreté.** Celui-ci se fait le jour, en proposant au chien, le plus souvent possible, d'aller en extérieur. **N'oublions pas en outre qu'un chiot est un bébé, il est normal qu'il fasse pipi dans la maison la nuit, il ne peut se retenir !** Disputeriez-vous un bébé qui fait ses besoins dans sa couche ? Et surtout, comme tous les bébés, votre chiot a besoin d'être hydraté très souvent.
En conclusion, **ne faites pas souffrir votre animal sous prétexte que vous ne voulez pas qu'il se soulage dans la maison.** Laissez-lui toujours un bol d'eau à disposition ; le temps, l'apprentissage et la patience feront le reste.

IL NE FAUT PAS DONNER AU CHIEN LA MÊME NOURRITURE QUE LA NÔTRE, SINON IL VA QUÉMANDER À TABLE.

Ce n'est pas la nourriture que vous donnez qui compte mais quand vous la donnez. Si vous donnez des croquettes à table, votre chien viendra réclamer à table. Si vous offrez de la viande en dehors des repas, il ne le fera pas.

CERTAINES RACES DE CHIEN ADORENT LES ENFANTS.

Aucune race n'aime les enfants plus ou moins qu'une autre. Tout dépend de la relation qu'entretient le chien avec les plus jeunes et de sa personnalité. Si les enfants respectent le chien et créent un lien avec lui, tout ira bien.

UN CHIEN NE DOIT JAMAIS MORDRE.

Le chien est un animal et il pince pour s'exprimer ou attraper quelque chose. La vision que nous en avons est aujourd'hui souvent complètement erronée, au point que nous lui interdisons toute forme d'expression. Nous tolérons à la limite qu'un chat puisse griffer, mais un chien n'a pas le droit de pincer. **Sous prétexte qu'il vit en promiscuité avec l'homme tout en possédant une grande puissance physique, on lui demande de ne plus être un animal.** C'est impossible !

MON CHIEN SE VENGE QUAND JE PARS.

La vengeance est une intention humaine dont le chien est incapable. Il ne détruit pas pour vous embêter. Cela sous-entendrait qu'il connaît la valeur financière du mobilier et qu'il sait que cela va vous énerver. Soyons logiques. **La plupart des chiens s'ennuient quand nous sommes absents et s'occupent comme ils peuvent, avec ce qu'ils ont.** Il peut aussi s'agir d'exprimer l'angoisse qu'ils ressentent lorsqu'ils sont seuls. Cela n'a aucun rapport avec de mauvaises intentions. **Ils essaient juste de s'adapter comme ils peuvent à cette vie contre-nature.**

TOUTES CES IDÉES REÇUES CONFIRMENT
LA MÉCANISATION DE L'ANIMAL
AU SEIN DE LA PENSÉE COLLECTIVE ET CULTURELLE .
ELLES SONT À BANNIR DÉFINITIVEMENT AU XXIe SIÈCLE.

ÉCOUTEZ, VOTRE CHIEN VOUS PARLE !

LA MÉTHODE EDEN

Pour répondre au mieux aux besoins du chien, j'ai créé une méthode d'éducation douce et naturelle : la méthode EDEN®.

Fondée sur le comportement du chien à l'état naturel, elle repose sur le contrôle des déplacements sans laisse, un apprentissage sans erreur (on fait en sorte de guider le chien pour qu'il ne se trompe pas) e**t beaucoup de récompenses** (jeux, câlins, promenades) **semblables à celles que les chiens se donnent dans la nature** (jeux, contact et bien-être).
Ici, **pas de punitions, pas de cris, pas de domination.** On ne force pas le chien à faire les exercices : on lui donne envie de les faire.
J'ai également élaboré une **formation pour les personnes désirant devenir éducateurs canins et coachs comportementalistes** en éducation douce et naturelle.

LE CHIEN N'EST PAS NOTRE ESCLAVE. S'IL N'A PAS ENVIE DE FAIRE QUELQUE CHOSE, TROUVONS UN MOYEN DE LE MOTIVER.

Votre chien va vers ce qui l'attire le plus ; il vous faut donc être plus motivant que l'environnement. Or les stimuli externes peuvent être de grands rivaux ! Vous pourrez peut-être concurrencer le chien qui arrive en face, mais pas le lapin qui passe, ou inversement, en fonction de la personnalité de votre chien. Tout cela s'apprend en modifiant les motivations et les récompenses, là encore selon les préférences de votre compagnon.

PRINCIPE DE LA RÉCOMPENSE

La récompense est une façon d'inciter un individu à poursuivre un comportement. Elle est donnée juste après un comportement apprécié, pour y être associée. **La récompense n'est pas obligatoirement alimentaire**. Il peut s'agir de jeux, de promenades ou encore de câlins. De plus, les récompenses alimentaires ne fonctionnent pas toujours. Contre un lapin ou une grande envie de jouer avec un autre chien, la croquette ne fait pas le poids… Il s'agit donc aussi de varier les motivations. **Si à chaque fois, c'est une surprise, cela va attiser la curiosité du chien et si c'est toujours quelque chose de plaisant, le résultat n'en sera que meilleur.**

Faites une liste de récompenses possibles pour votre chien qui ne soient pas alimentaires, de la plus motivante à la moins motivante, et utilisez-les de cette façon :

- Exercice très difficile pour lui : récompense très motivante ;
- Exercice difficile : récompense qu'il aime beaucoup ;
- Exercice moyennement difficile : récompense moyennement motivante ;
- Exercice facile : récompense qu'il aime, mais peu.

L'OBÉISSANCE ET L'APPRENTISSAGE DE L'ÉDUCATION SONT LE REFLET DE VOTRE RELATION.

Le chien est votre miroir, il ressent et agit en fonction de votre état émotionnel du moment. Il peut vous obéir parfaitement un jour et désobéir le lendemain s'il vous sent fatigué, stressé ou malade.

Les animaux sont naturellement positifs, puisqu'ils sont toujours en alignement avec eux-mêmes lorsqu'ils se trouvent dans un environnement adapté. Ils n'ont pas la même notion du temps que nous, ils vivent dans l'instant présent, naturels, sans aucun filtre.

Nous sommes totalement différents et n'appréhendons pas les choses de la même manière. Il arrive très fréquemment que nous masquions nos émotions, que nous fassions des choses qui ne nous intéressent pas. De ce fait, notre esprit divague et n'est plus dans l'instant présent. Les animaux le ressentent.

ASSUMONS

- Vous devez renoncer à toutes vos excuses, vous êtes entièrement responsable de la relation avec votre chien.
- Si vous n'aimez pas certains effets, agissez autrement et la réponse de votre chien changera.
- Ce qui arrive aujourd'hui est le résultat de votre relation d'hier.
- Soyez attentif, votre chien ne ment jamais.

VOTRE CHIEN NE VOUS ÉCOUTE PAS ?

- **Avez-vous correctement formulé votre demande ?**
- **Avez-vous utilisé le(s) même(s) mot(s) que d'habitude ?**
- **Votre intonation est-elle adéquate ?**
- **Êtes-vous stressé aujourd'hui ?**
- **Votre chien a-t-il eu suffisamment de promenades aujourd'hui ?**
- **Les séances d'éducation sont-elles correctement construites ?**
- **Votre chien aime-t-il apprendre ?**
- **Est-ce la pleine lune en ce moment ?**
- **Quel temps fait-il ?**
- **Êtes-vous entouré d'autres personnes ou animaux ?**
- **Faites-vous confiance à votre chien ?**

Apprenez à comprendre, gérer et anticiper tous ces paramètres, car ils influencent la réponse à une demande donnée. La relation à votre animal est également primordiale, comme nous l'avons déjà expliqué. Un chien peut être agressif envers d'autres chiens en votre présence et très sociable lorsque vous n'êtes pas là.

Votre chien, réagissant en fonction, ne vous obéit pas, ne vous écoute pas et ne vous regarde pas. Si vous n'êtes pas aligné avec vous-même, votre animal sera fortement perturbé et en proie à des comportements indésirables.
La plupart des gens promènent leur chien sans être réellement avec lui. Ils pensent à autre chose, en profitent pour passer des coups de fil. Dans une telle situation, comment le chien peut-il être récepteur ? Il n'y a pas de partage possible. **Observez son attitude et apprenez à décrypter son état émotionnel à travers son regard.**

VOTRE CHIEN N'EST PAS UN ROBOT, SON COMPORTEMENT DÉPEND DE SON ENVIRONNEMENT À L'INSTANT T.

LA CONSCIENCE DE SOI

Les chiens ont conscience d'être des individus à part entière : ils répondent à leur nom et font la différence entre leur nom et celui d'un autre individu. **Ils sont en outre dotés d'une vaste gamme d'émotions** et se montrent capables de comprendre l'équité ou encore d'agir en fonction de motivations morales telles que la sympathie ou l'empathie. **De telles observations peuvent être menées chez d'autres espèces.** J'ai eu l'occasion de constater à quel point les rouges-gorges peuvent être soudés. Un individu se fit un jour taper par une voiture face à moi. Assommé, il restait au milieu de la route. L'un de ses congénères fonça alors sur lui pour le faire bouger et s'envoler au plus vite. Le rouge-gorge renversé finit par se réveiller et put repartir avec son sauveur.

CONSEILS

Comprenez votre chien et il vous comprendra. Écoutez-le et il vous écoutera. Entrez dans son monde et il entrera dans le vôtre.

J'AI COMPRIS QUE L'EMPATHIE ET LA CAPACITÉ À SE METTRE À LA PLACE DE L'AUTRE, SURTOUT QUAND IL S'AGIT D'UN INDIVIDU D'UNE ESPÈCE DIFFÉRENTE, NE SONT PAS DONNÉES À TOUT LE MONDE.

CONCLUSION

CONCLUSION

Je veux croire, et j'espère que la plupart d'entre vous feront de même, qu'il est toujours possible de nous comprendre entre espèces, grâce à notre empathie naturelle, notre intelligence et notre capacité d'évolution. Peu à peu, appréhendons les animaux autrement, sans chercher à les dominer, mais en respectant chaque espèce comme il se doit. En aucun cas nous ne leur sommes supérieurs : au contraire, nous avons beaucoup à apprendre d'eux. Prenons-en conscience et avançons ensemble, le cœur et les yeux grands ouverts. Nos pensées positives s'accorderont alors pour un monde meilleur.

UNE DERNIÈRE ANECDOTE...

J'ai eu la chance de suivre depuis leur plus jeune âge Rocco et Platon, deux Labradors mâles incroyables, avec une famille humaine plus que géniale.
Ces chiens ont tout ce qu'il faut depuis leur adoption, et même avant. Ils viennent en effet d'un élevage qui remplit toutes les conditions pour que ses chiens soient équilibrés. Ils sont aujourd'hui promenés autant que nécessaire et de façon adaptée, en liberté. Ils ont l'habitude de côtoyer d'autres chiens, de toutes races et de toutes tailles. Leur famille les éduque de manière positive tout en établissant un amour puissant et un véritable lien de confiance.
Pourtant, ces deux chiens ont fugué au point de porter désormais un collier GPS. Ils se sont battus quelquefois avec d'autres chiens. Ils ont fait tomber leur humaine, pourtant patiente et énergique. Rocco grogne parfois après certaines personnes, dont des enfants. Ce sont des chiens : certains comportements peuvent exister. Leur famille l'accepte et les aime comme ils sont. Platon et Rocco sont un exemple de ce que sont des vrais chiens.
Et puis, si les chiens étaient faciles, je n'aurais pas de métier ! Évidemment, la création des races et donc la génétique peuvent nous jouer des tours.
Maintenant, je vous encourage à mettre en action ce que vous avez appris dans ce livre et à faire évoluer votre conception des animaux en général, en donnant à toutes les espèces une place plus juste.
N'oubliez pas que votre chien est unique, qu'il a des besoins spécifiques. Certaines des solutions de ce livre peuvent ne pas lui convenir. De même, votre chien ne peut changer d'un coup : chaque chose en son temps ! Écoutez-le. Offrez-lui le meilleur pour lui, et non pour vous, il vous le rendra au centuple, en vous aidant par exemple à développer votre empathie et votre imagination.

CRÉEZ DÈS MAINTENANT
LA VIE DONT VOUS RÊVEZ
AVEC VOTRE CHIEN.

BIBLIOGRAPHIE

- Boris Cyrulnik, *La naissance du sens,* Hachette, 1998.
- Boris Cyrulnik, *Les âmes blessées,* Odile Jacob, 2014.
- Boris Cyrulnik, Elisabeth de Fontenay et Peter Singer, *Les Animaux aussi ont des droits,* Seuil, 2013.
- Robert Greene et 50 cent, *La 50e loi. La peur est votre pire ennemie,* Leduc S., 2011.
- Alexander Loyd et Ben Johnson, *Le code de guérison,* Les éditions Trédaniel, 2013.
- Matthieu Ricard, *Plaidoyer pour les animaux,* Allary, 2014.
- Peter Singer, *La libération animale,* Payot, 2012.
- Evelyne Teroni et Jennifer Cattet, *Le chien, un loup civilisé,* La Griffe, 2013.
- Joël Vichery : *Reiki,* Trajectoire, 1999.

RESSOURCES INTERNET

- **Je ne saurais trop vous recommander les vidéos de Joël Dehasse, vétérinaire comportementaliste, disponibles sur You Tube, ainsi que ses formations.**
- **Pour une formation complète en comportement et en éducation canine via une méthode douce et naturelle, voir la méthode Camille Genissel :** www.education-douce.com.
- **Sur le comportement et l'éducation de vos animaux :** www.education-canine-14.com.
- **Sur l'alimentation naturelle :** www. barffrance.fr et www.b-a-r-f.com.

REMERCIEMENTS

Je remercie du fond du cœur les familles que j'ai pu aider et qui m'ont fait confiance, qu'elles soient citées dans ce livre ou non. Je pense toujours à vous et vous comptez pour moi beaucoup plus que vous ne le pensez. Je suis fière de tous vos chiens et surtout de montrer grâce à vous à quel point l'amour entre les humains et les autres animaux peut être puissant et magnifique. Je vis grâce à cet amour.
Merci à mon chien Koda, qui nous a quittés et sans qui je n'aurais pu réaliser un tel parcours. Tu m'as tout appris et tu seras à jamais dans mon cœur, mon allié.
Merci à Ron, mon chien actuel, toujours partant, joyeux, prêt à tout pour bien faire. Nous vivons ensemble des aventures incroyables.
Merci aux chiens que je connais et que j'ai suivis, vous êtes tous un exemple pour moi : Heaven et Nikki, Nougat, Gump, Jaya, Rocco et Platon, Dido, Dino, Pitou et Bella, Kim, Budy, Pongo, Enji, Jingle, Jackson, Cool, Blue, Ilion et Iduna, Osia, Gaya, Gipsy, Horace, Isis, Jasper, Jazz, Ginfeeze et Brith, Kiff kiff, Lola, Lady, Lasko, Lingot, Max, Dream, Jimmy, Tino et tous les autres.
J'adresse aussi des remerciements particuliers à Florence et Gabor, ainsi qu'aux humains de Rocco et Platon : Elsa, Philippe, Catherine et Sarah. Enfin, merci à ma famille et à tous mes proches, sans qui je n'aurais pu écrire ce livre.

Delachaux a été pour moi l'éditeur idéal. Jamais je n'aurais pensé écrire un jour un livre pour cette maison. Aussi, je remercie particulièrement Marc Giraud, naturaliste de renom, pour nous avoir mis en contact et avoir permis cette collaboration. J'ai été épaulée et écoutée depuis le début de la rédaction de cet ouvrage par toute l'équipe de Delachaux. Merci à Stéphanie Zweifel, pour m'avoir donné une chance et pour sa patience — je ne suis pas écrivain ! Merci à Caroline Bouchet, qui a pris le temps de relire, reformuler, rassurer, conseiller, pour que nous avancions étape par étape. Je remercie également Mathilde Delattre-Josse, graphiste, qui a fait un travail extraordinaire : le rendu est magnifique. Un livre demande énormément de travail, un travail d'équipe. Merci beaucoup à tous car sans vous, je n'aurais pas pu réussir. C'est un grand honneur pour moi d'avoir exercé à vos côtés.

CRÉDITS PHOTOGRAPHIQUES

Couverture

1e de couverture © Pexels.
4e de couverture © Camille Genissel.

Intérieur

Arco Images / Wegner Petra / imageBROKER / Biosphoto : p. 33, 90, 92 (bas), 96 ; Henry Ausloos / Biosphoto : p. 104 ; Erwan Balança / Biosphoto : p. 25, 114 ; Claude Balcaen / Biosphoto : p. 38 (en bas à droite) ; Julien Boisard / Biosphoto : p. 94 ; Frédéric Bouchet : p. 35, 117 ; Caroline Brinkmann / imageBROKER / Biosphoto : p. 41, 101, 106 ; Laurent Conchon / Biosphoto : p. 110 ; Sylvain Cordier / Biosphoto : p. 67, 133 ; Frédéric Decante / Biosphoto : p. 16-17, 79 ; Dominique Delfino / Biosphoto : p. 50, 92 (gauche), 125 ; Julien de Sutter / Biosphoto : p. 75 ; Olivier Digoit / Biosphoto : p. 77, 85 (haut) ; Jana Engel / imageBROKER / Biosphoto : p. 32 ; Marion Fichter / imageBROKER / Biosphoto : p. 30-31, 127 (bas) ; Pascal Foulon / Biosphoto : 109 ; Catherine Gaillemain / Biosphoto : p. 65 ; Eric Guilloret / Biosphoto : p. 10, 15 (haut), 23, 29, 80, 82 (bas), 127 haut), 128, 129 ; Michel Gunther / Biosphoto : p. 26, 34, 40, 56, 87, 115, 123 ; Philippe Henry / Biosphoto : p. 118-119 ; Sébastien Herent / Biosphoto : p. 142 ; Daniel Heuclin / Biosphoto : p. 45 ; Pierre Huguet-Dubief / Biosphoto : p. 12, 60-61, 64 ; Alain Mafart-Renodier / Biosphoto : p. 58 ; Benoît Personnaz / Biosphoto : p. 38 (haut) ; Picani / imageBROKER / Biosphoto : p. 20, 38 (en bas à gauche), 53, 70 ; Pascal Pittorino / Biosphoto : p. 85 (bas) ; Didier Sement / Biosphoto : p. 98, 108, 112 ; Skapiou / Green Eye / Biosphoto : p. 124 ; David Tatin / Biosphoto : p. 6-7, 82 (bas) ; Claudius Thiriet / Biosphoto : p. 15 (bas), 132, 136-137 ; Pierre Vernay / Biosphoto : p. 37 ; Pierre Vernay / Polar Lys / Biosphoto : p. 42 ; Vi's djinn photographie : p. 36 (haut) ; Visual and Written / Visual and Written - Photo Collection / Biosphoto : p. 46-47 ; Stefan Wackerhagen / imageBROKER / Biosphoto : p. 36 (bas), 54 ; Hagen Zapf / imageBROKER / Biosphoto : p. 102 ; Jean-Luc & Françoise Ziegler / Biosphoto : p. 14 ; Gerhard Zwerger-Schoner / imageBROKER / Biosphoto : p. 61.

Responsable éditoriale : Stéphanie Zweifel

Suivi éditorial : Caroline Bouchet

Préparation de copie : Jeanne Castoriano

Relecture sur épreuves : Caroline Bouchet

Fabrication : Virginie Leroux

Conception graphique et mise en page :
Mathilde Delattre-Josse
www.mathildedelattrejosse.com

ISBN : 978-2-603-02990-9
Dépôt légal : septembre 2023
Photogravure : AnR
Achevé d'imprimer en août 2023
sur les presses de GraphyCems en Espagne.